DER UNTERGANG DER SCHARNHORST

HÖHEPUNKT UND WENDE DES KAMPFES UM DIE RUSSLAND-KONVOIS 1943

A. J. WATTS

Der Untergang der SCHARNHORST

MOTORBUCH VERLAG STUTTGART

Umschlagzeichnung: Carlo Demand
Einband und Umschlagkonzeption: Siegfried Horn

Die englische Ausgabe ist erschienen bei Ian Allan Ltd., London,
unter dem Titel »The loss of the Scharnhorst«.
Die Übersetzung ins Deutsche besorgte
Heinz Werner

ISBN 3-87943-384-4

1. Auflage 1976

Gesamtherstellung: E. Kieser KG, 89 Augsburg.
Printed in Germany.

Inhaltsverzeichnis

Vorwort des Verfassers

Dieses Buch ist das erste einer Reihe, die Seeschlachten des Zweiten Weltkrieges behandeln wird. Die Bücher sind in zwei Abschnitte unterteilt – (a) einen historischen und (b) einen technischen. Diese Art der Behandlung dürfte Fachhistorikern bei ihren Studien nützen, aber auch dem allgemeinen Leser, der in der Schilderung nicht von einer Masse technischer Angaben erdrückt werden möchte. Teil 1, der geschichtliche Abschnitt, wird den Verlauf des Gefechts schildern und eine genaue Darstellung der Bewegungen jedes Schiffes geben. Die Einführung, die dem Gefechtsbericht vorangeht, bringt in Kürze die Kriegsereignisse bis zum Zeitpunkt der Schlacht, erklärt ihr Zustandekommen und den Zustand der sich gegenüberstehenden Verbände zu dieser Zeit. Teil 2, der technische Abschnitt, führt die Schiffe der sich bekämpfenden Verbände listenmäßig auf mit technischen Charakteristiken und anderen wesentlichen Tatsachen, die die technische Seite des Gefechts betreffen.

Ich möchte allen denen meinen Dank aussprechen, die mich bei meinen Studien unterstützt haben, besonders jedoch der Photo-Abteilung des Imperial War Museum (kurz zitiert als IWM) und dem Stabe des National Maritime Museum. Weiterhin möchte ich auch Dank sagen den Werften von Alexander Stephen & Sons Ltd, J. S. White, Engineers, Isle of Wight, Cammell Laird & Co. Ltd, Upper Clyde Shipbuilders Ltd (Alexander Stephen & Sons Ltd), Yarrow, dann Flt. Lt. Price (für Einzelheiten über die Luftwaffe), J. R. Dominy, A. Mitchell und den Mitgliedern des Warship Record Clubs.

Teil 1

Die Schlacht

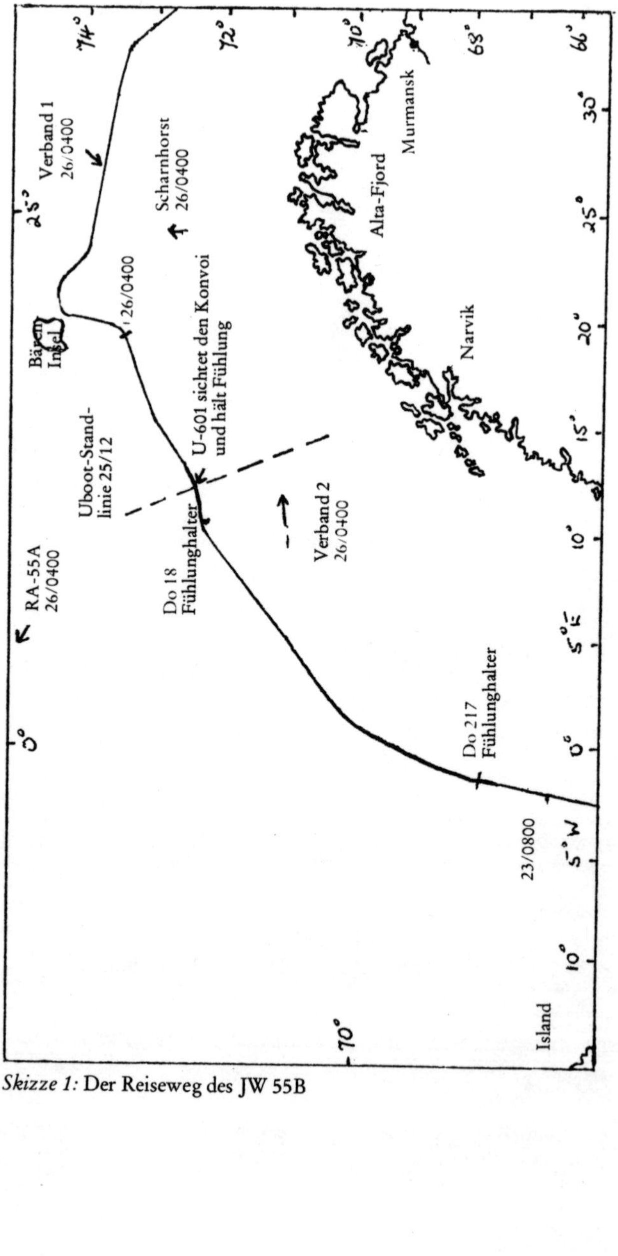

Skizze 1: Der Reiseweg des JW 55B

Einführung

DER KRIEGSAUSBRUCH

Am Sonntag, dem 3. September 1939, nach der deutschen Verweigerung einer Feuereinstellung und Zurückziehung seiner Truppen aus Polen, erklärte Großbritannien gemäß seiner Polen-Garantie Deutschland um 12 Uhr den Krieg. Das Britische Expeditionskorps wurde unter den wachsamen Augen der Royal Navy (Kgl. Britische Kriegsmarine) sicher nach Frankreich verlegt und verblieb auf dem europäischen Festland bis zum Juni 1940, als es durch das stärkere deutsche Heer zum Rückzug über den Kanal gezwungen wurde.

Die ersten sieben Kriegsmonate, die später mangels wirklicher Kämpfe an der Westfront der „Scheinkrieg" genannt wurden, waren sicherlich für die Royal Navy kein Schein. Mit der Versenkung des Fahrgastschiffes „Athenia", des Schlachtschiffes „Royal Oak", des Flugzeugträgers „Courageous" und der Vernichtung der „Admiral Graf Spee" zeichnete sich das Bild des Seekriegs in der westlichen Hemisphäre ab. Für viele Männer in Führungspositionen war die Zukunft des Krieges zur See nur allzu offensichtlich. Nachdem 1917 Großbritannien durch den uneingeschränkten Ubootkrieg fast zum Erliegen gekommen war, würde die Deutsche Marine im gerade angelaufenen Kriege später diesen Vorgang wiederholen. Mit einer starken Flotte neuer Uboote und vielen weiteren auf den Helgen und in der Planung sollte ein völlig uneingeschränkter Ubootkrieg gegen Britanniens Lebensader – seine Handelsschiffahrt – geführt werden. Uboot-Angriffe sollten nicht nur gegen britische Schiffe gerichtet werden, sondern auch gegen jedes Schiff beliebiger Flagge, das Ladung nach oder von Großbritannien trug. Diese große Ubootflotte sollte durch äußerst schlagkräftige Kriegsschiffe ergänzt werden, die, um unabhängig als Handels-Störer operieren zu können, mit einem großen Aktionsradius, hoher Geschwindigkeit und schwerer Bewaffung (vgl. „Bismarck", „Admiral Graf Spee" und „Scharnhorst") ausgestattet waren. Diese Kriegsschiffe sollten durch eine Anzahl schneller Handelsschiffe unterstützt werden, die für die Aufnahme von Geschützen, Torpedos, Minen und Bordflugzeugen eingerichtet werden konnten, um als Hilfskreuzer unter der Tarnung als Handelsschiffe zu operieren. Diese Hilfskreuzer und Kriegsschiffe sollten sich auf eine in den Weiten des Ozeans stationierte Flotte von Versorgungsschiffen stützen.

DIE KONVOIS LAUFEN AN

Angesichts der Bedrohung der britischen Handelsflotte durch die deutschen Uboote waren bereits vor dem Kriege Pläne ausgearbeitet worden, ein Konvoi-System einzurichten, das sich in vergangenen Jahrhunderten als so wirksam erwiesen hatte. Tatsächlich hatte der erste Konvoi schon am 2. September 1939 Gibraltar verlassen; ihm folgte drei Tage später ein anderer, vom Clyde auslaufend. Um die Konvois voneinander unterscheiden zu können und ihre jeweilige Reiserichtung zu kennzeichnen, erhielten sie alle einen Buchstaben und eine Nummer, z.B. HX 75 (ein Konvoi von Halifax, Neuschottland, nach Großbritannien), OG 21 (ein Konvoi von Großbritannien nach Gibraltar). Infolge des Mangels an Geleitfahrzeugen und wegen deren kurzer Fahrstrecke wurden die Konvois über den Atlantik nach Großbritannien durch umgebaute, mit veralteten Geschützen bewaffnete Handelsschiffe geleitet, z. B. die „Jervis Bay". Die von Großbritannien ausgehenden Konvois wurden durch Geleitboote der *Home Fleet* (Heimat-Flotte) bis zu einer Entfernung von etwa 300 Seemeilen gesichert, wo diese dann umkehrten und die Sicherung für einen nach einem britischen Hafen bestimmten Konvoi übernahmen. Nach Abdrehen der Geleitboote löste sich der ausgehende Konvoi auf, und die Handelsschiffe steuerten unabhängig voneinander ihre Zielhäfen an. Dies erwies sich als der gefährlichste Teil der Reise, da die Uboote in den Gebieten, in denen die Geleitboote den Konvoi verließen, auf Wartestellung lagen und nun die schutzlosen Handelsschiffe angriffen und große Anzahlen von ihnen versenkten.

Am 22. Juni 1941 marschierte die Deutsche Wehrmacht in Rußland ein. Noch nie zuvor hatte man etwas Vergleichbares an Kämpfen erlebt. Ganze russische Armeen wurden eingekesselt und vernichtet. Gegen Ende Dezember 1941 wurden die russischen Verluste auf 5 bis 7 Millionen geschätzt, mit 3 bis 5 Millionen Kriegsgefangenen sowie 21391 vernichteten Panzern und 32541 Geschützen. Es war unfaßbar, daß irgendein Heer derartige Verluste hinnehmen und noch weiterkämpfen konnte; doch die Russen taten es. Mit Hilfe des russischen Winters gelang es ihnen, die deutschen Truppen vor Moskau und Leningrad zum Stehen zu bringen. Der Verlust an Menschen und Material war erschütternd, aber diese konnten schnell aus den riesigen russischen Hilfsquellen ersetzt werden. Der nachfolgende Verlust der großen Industrie-Zentren Minsk, Charkow, Kiew, Smolensk usw. erwies sich als verhängnisvoller.

Um den Produktionsausfall auszugleichen und einiges von den Verlusten der Russen zu ersetzen, beschlossen die britischen und amerikanischen Führungsgremien, eine Untersuchungskommission nach Moskau zu senden, um zu erkunden, in welcher Weise den Russen am besten geholfen werden könnte. Die gemeinsame britisch-amerikanische Befragungskommission, der Lord Beaverbrook und Mr. Averill Harriman angehörten, kam am 28. September 1941 in Moskau an. Die Russen verweigerten jegliche Auskunft über ihre Verluste; aber es kam ein Abkommen zustande und wurde am 4. Oktober unterzeichnet, das den Zeitabschnitt Oktober 1941 bis Juni 1942 umfassen und danach zu diesem Zeitpunkt jährlich erneuert werden sollte. Es wurde vereinbart, daß diesem ersten Abkommen gemäß Britannien und Amerika monatlich 400 Flugzeuge (300 Jäger, 100 Bomber), 500 Panzer und 200 SMG-Fahrzeuge, ferner 22000 t Gummi, 41000 t Aluminium und 3860 Werkzeugmaschinen sowie große Mengen Lebensmittel, Arzneimittel und Rohmaterialien liefern sollten.

Die britische Admiralität hatte bereits Vorkehrungen begonnen, um Konvois nach Rußland zu senden, als das Abkommen unterzeichnet wurde. Tatsächlich fertigte die Admiralität – auf Mr. Churchills persönliche Anweisung – am 29. September 1941 den ersten PQ-Konvoi – PQ 1 – nach Rußland ab, der 450 Flugzeuge, 22000 t Gummi, 3 Millionen Paar Schuhe und große Mengen Zinn, Aluminium, Blei, Jute und Wolle geladen hatte.

Am 6. Oktober 1941 teilte der Premierminister, Mr. Churchill, telegraphisch dem Führer der Sowjetunion (Premier Joseph Stalin), die Ladungen der Oktober-Konvois mit, nämlich:

20 schwere Panzer
193 Jagdflugzeuge,
vorgesehene Ankunft in Archangelsk: 12. Oktober

Am 12. Oktober auslaufend, Ankunft 19. Oktober 1941:
140 schwere Panzer, 100 Hurricane-Flugzeuge, 200 Schützenfahrzeuge mit schweren Maschinengewehren,
200 Panzerabwehrkanonen (Pak) mit Munition und
50 25-mm-Maschinenkanonen (M.K.) mit Munition.

Am 22. Oktober 1941 in See gehend:

200 Jagdflugzeuge, 120 schwere Panzer (Anm.: diese Zahlen enthalten nicht die von Amerika beigesteuerten Lieferungen).

Derart wurde geplant, riesige Materialmengen nach der Sowjetunion zu senden, und zwar auf ausgehenden Konvois mit den Kennbuchstaben PQ, während die heimkehrenden Konvois mit QP bezeichnet wurden. Ursprünglich war beabsichtigt, von Britannien die Konvois alle 40 Tage abgehen zu lassen. Anfang Oktober jedoch verlangte Mr. Churchill, den Zyklus auf 10 Tage zu verkürzen (vgl. die vorgesehenen Auslaufdaten in obiger Aufstellung), so daß mehr Nachschub nach Rußland gesandt werden könnte. Es war geplant, die Konvois nach dem Weißmeer-Hafen Archangelsk zu dirigieren, wo die Kai- und Lösch-Anlagen die besten zur Verfügung stehenden waren. Jedoch im Dezember erkannte man, daß Archangelsk in den Wintermonaten praktisch unbenutzbar sein würde, da die See von einer geschlossenen starken Eisdecke bedeckt war und die russischen Eisbrecher Schwierigkeiten hatten, den Hafen offen zu halten. Die Konvois hatten keine andere Wahl, als den Hafen von Murmansk in der kleinen Kola-Bucht zu benutzen, der wirklich nur ein Sammelsurium von hölzernen Anlegern mit einigen veralteten Kränen zum Löschen ihrer Ladungen war.

DIE RUSSLAND-KONVOIS

Bis März 1942 waren insgesamt 110 Handelsschiffe in Konvois nach Rußland gelaufen, und nur ein Handelsschiff war verlorengegangen. Im März 1942 wurden die Konvois größer, da die Amerikaner begannen, größere Mengen Versorgungsgüter zu senden. Und wie die Monate dahingingen, wurden die Tage länger, und nur zu bald trat im hohen Norden der Polartag mit seinem Dauertageslicht ein. Inzwischen waren die Konvois so groß geworden (oft mehr als 40 Handelsschiffe) und so gewaltige Mengen Nachschub wurden verschifft, um das schnell wiedererstehende russische Heer auszurüsten, daß es sich die Deutschen nicht leisten konnten, diese länger zu ignorieren. Die Anzeichen mehrten sich, daß die Russen eine große Offensive nach Beendigung der Tauperiode vorbereiteten. Als Folge begannen die ernsthaften Angriffe auf die Rußland-Konvois. Viele bittere Schlachten wurden in den Frosttemperaturen der arktischen Wüsten ausgefochten und viele gute Schiffe versenkt, wobei die Besatzungen untergingen oder an Unterkühlung starben. Das Schlachtschiff „Tirpitz" und der Schwere Kreuzer „Admiral Hipper" wurden zusammen mit dem Panzerschiff „Admiral Scheer" nach dem norwegischen Hafen Drontheim verlegt. Im März 1942 lief die „Tirpitz" gegen den Konvoi PQ 12 aus; aber das Unternehmen blieb erfolglos und der Konvoi kam durch. Der nächste in See gehende Konvoi PQ 13 war nicht so glückbegünstigt. Außer Angriffen von Ubooten und Überwasser-Schiffen mußten die Besatzungen der Handelsschiffe des PQ 13 rund um die Uhr Bomber-Angriffe von den Flugplätzen Norwegens, die nur 200 Seemeilen ab lagen, durchstehen.

Mit der täglich zunehmenden Bedrohung der Konvois und der Erleichterung der Angriffsbedingungen durch die länger werdenden Tage sprach die Admiralität den Wunsch aus, die Konvoi-Fahrten während der Sommermonate einzustellen. Infolge der verzweifelten Lage der russischen Armeen, die weitere schwere Verluste unter einer neuen deutschen Offensive erlitten, mußte Mr. Churchill sich über die Admiralität hinwegsetzen, und Konvois von 25 bis 35 Schiffen liefen unter ständig zunehmender Härte der feindlichen Angriffe weiterhin nach Rußland.

Am 27. Juni 1942 ging der Konvoi PQ 17 von Island aus mit Ziel Archangelsk in See; er sollte der verhängnisvollste werden. Nach dem am 14. Juli wegen eines drohenden Überwasserangriffs durch die „Tirpitz" von der Admiralität gegebenen Befehl, den Konvoi aufzulösen und die Schiffe zu zerstreuen, erreichten nur 10 von 33 Handelsschiffen, die ursprünglich den Konvoi bildeten, Rußland. Die übrigen 23 Schiffe wurden alle durch Uboote oder Flugzeuge versenkt. Dem Konvoi PQ 17 folgte im September 1942 der PQ 18, der ebenfalls eine Anzahl Schiffsverluste erlitt. Nach solchen schweren Verlusten wurden die arktischen Konvois für kurze Zeit eingestellt. Das war hauptsächlich darauf zurückzuführen, daß die meisten Geleitfahrzeuge für die Rußland-Konvois aus der Home Fleet abgezogen worden waren und jetzt für die Operation Torch (Unternehmen Fackel) – die Landung der Alliierten in Nordafrika – benötigt wurden.

WETTERBEDINGUNGEN IN DER ARKTIS

Als der Winter 1942 schon weit vorgeschritten war und die meisten Geschwader der Luftwaffe entweder an die Russische Front oder ins Mittelmeer verlegt worden waren, wurde beschlossen, die arktischen Konvois wiederaufzunehmen. Bei der stark verminderten Bedrohung durch Luftangriffe und der beinahe ständigen Dunkelheit des Wintertages war starke Luftabwehr für die Konvois nicht mehr so zwingend notwendig wie vorher, und in mancher Hinsicht waren die Bedingungen besser. Sicher bot der Winter verhältnismäßigen Schutz vor Luftangriffen der Deutschen, aber nicht gegen die Elemente. Heftige Stürme und schwere See fegten pausenlos über die kleinen Schiffe, und der Gischt der Wellen gefror in der Luft und peitschte die Gesichter der Menschen. Eine gefrierende See hüllte häufig die Schiffe in Eis und beeinträchtigte damit gefährlich deren Stabilität und die Bedienung der Geräte. Sie zwang die Manschaften hinaus an Oberdeck zum Eispicken mit Schaufeln und Äxten.

Obwohl die Dunkelheit ein gewisses Maß an Schutz gegen Luftangriffe bot, so hinderte sie doch nicht die 'Wolfsrudel' der Uboote daran, an die Konvois heranzukommen. Tatsächlich wurde ein Uboot-Angriff wesentlich von der Dunkelheit erleichtert. Besatzungen von Schiffen, die das Unglück hatten, versenkt zu werden, waren auf sofortige Rettung angewiesen. Sobald sie im eisigen Wasser waren, hatten sie Glück, wenn sie noch drei Minuten lebten, und für jene in offenen Booten waren die Leiden unvorstellbar. Die Geleitboote konnten nicht beidrehen, um die Besatzungen versenkter Schiffe aufzunehmen, da das die Sicherung des Konvois gefährlich geschwächt hätte. Daher wurde jedem arktischen Konvoi ein Rettungsschiff beigegeben. Das war

ein Schiff, das speziell mit Extra-Kojen und Sanitätseinrichtungen ausgestattet war. Gemäß Planung sollte nur dieses Schiff umkehren, um die Besatzungen versenkter Schiffe zu bergen.
Das Wetter erwies sich als ein furchtbarerer Feind als die Deutschen. Während der Wintermonate vergrößerte sich die Eiskappe des Nordpols langsam südwärts und zwang damit die Konvois immer näher an Norwegen heran. Zuzeiten dehnte sich das Eis bis herunter zur Bären-Insel aus und zwang die Konvois, südlich der Insel zu passieren – etwa 250 Seemeilen vom Alta-Fjord, wo Admiral Raeder seine schweren Einheiten stationiert hatte, klar zum schnellen Zuschlagen gegen ein lohnendes Ziel. Das andere große Problem für die Konvois war die Entfernung. Von Island bis Murmansk war der Konvoi-Weg zwischen 1400 und 2000 Seemeilen lang, eine Strecke, an der es keine befreundeten Stützpunkte gab. Da die Fahrstrecke der Geleitfahrzeuge nicht groß genug für diese Weglänge war, mußte jedem Konvoi nach Rußland ein Tanker beigegeben werden, um unterwegs die Geleitboote mit Bunkeröl zu versorgen.

DIE KONVOIS NEHMEN IHRE FAHRTEN WIEDER AUF

Der erste Konvoi, der nach Beendigung der Operation Torch in dem neuen Turnus auslaufen sollte, war JW 51. Es war entschieden worden, die Konvois nach Rußland neu zu benennen, und zwar mit dem Präfix JW für ausgehende und RA für heimkehrende Konvois. Admiral Tovey, Oberbe-

fehlshaber der Home Fleet, stimmte nicht mit der Ansicht der britischen Admiralität überein, daß ein großer Konvoi von 35 Schiffen mit einer starken Geleitsicherung – wie bei PQ 18 – ratsam wäre. Nach seiner Auffassung ließ sich ein kleinerer Konvoi mit angemessenem Geleit bei Luftangriffen weit leichter manöverieren und konnte auch der Ortung leicht entkommen. Ein großer Konvoi verlor zudem bei Schlechtwetter leicht den Zusammenhang, was viele Probleme aufwerfen würde, wie etwa das Auffinden von Nachzüglern und das Identifizieren von Radar-Echos in einem Durcheinander. Admiral Toveys Anschauung wurde akzeptiert, und so wurde von da ab die neue Serie der Rußland-Konvois jeweils in zwei Sektionen mit einer Woche Abstand gefahren und diese mit dem Zusatz A oder B versehen.
Der erste dieser neuen Serie von Konvois, der auslaufen sollte, war JW 51A, er verließ Loch Ewe am 15. Dezember. Die zweite Hälfte dieses Konvois, JW 51B, lief am 22. Dezember aus, und ihre Sichtung führte zu einer wichtigen Schlacht. Die Deutschen beabsichtigten, den nächsten unterwegs befindlichen Konvoi mit „Admiral Hipper", „Lützow" und sechs Zerstörern anzugreifen. Das Unternehmen wurde ein Fehlschlag, denn die Zerstörer-Sicherung des Konvois vereitelte jeden Versuch der deutschen Schiffe, den Konvoi selbst anzugreifen. Die Deutschen kehrten in den Hafen zurück und meldeten ihren Mißerfolg eines Angriffs auf den Konvoi. Hitler war außer sich vor Wut über das Unternehmen und befahl augenblicklich, alle schweren Schiffe der Kriegsmarine abzuwracken. Großadmiral Rae-

der, Oberbefehlshaber der Kriegsmarine, sandte an Hitler ein langes Memorandum, in dem er auseinandersetzte, daß der Gewinn an Material und Personal bei Verschrottung der Kampfgruppe in Wirklichkeit sehr gering sein würde. Hitler konnte jedoch nicht zu einer Sinnesänderung gebracht werden. So trat Admiral Raeder am 30. Januar 1943 zurück und wurde durch Admiral Dönitz abgelöst, der Befehlshaber der Uboote gewesen war.

Schon nach sehr kurzer Zeit versuchte er ebenfalls, Hitler zu Aufhebung des Befehls zur Verschrottung der Kampfgruppe zu überreden, und bis zu einem gewissen Grade hatte er Erfolg. In einer Zusammenkunft mit Hitler am 26. Februar 1943 machte Admiral Dönitz geltend, daß seiner Ansicht nach die Konvois nach Archangelsk ausgezeichnete Ziele für die schweren Schiffe bildeten und daß er, da der Nachschub von diesen Konvois seinen Weg an die Ostfront nähme, beabsichtigte, die Angriffsmöglichkeiten auf diese Konvois bis zum äußersten auszunutzen. Zu diesem Zweck ersuchte er um die Genehmigung, „Scharnhorst“ aus der Ostsee nach Norwegen zu verlegen und mit „Tirpitz“, „Lützow“ und den sechs Zerstörern zu vereinigen. „Admiral Hipper“, „Leipzig“ und „Köln“ waren jedoch bereits außer Dienst gestellt worden.

Hitler stimmte zu, und so trat die „Scharnhorst“ zu dem Verband in Norwegen. Alle drei Schiffe („Lützow“, „Scharnhorst“, „Tirpitz“) wurden im März 1943 im Alta-Fjord festgestellt, und mit dem Längerwerden der Tage erbat Admiral Tovey die Einstellung der arktischen Konvois für die Dauer des Sommers. Die Admiralität hatte gleichfalls allen Grund, die Einstellung der Konvois zu wünschen. Die Schlacht im Atlantik gegen die Uboote erreichte jetzt einen Höhepunkt, und viele der Geleitfahrzeuge der Home Fleet, die zur Sicherung der arktischen Konvois verwendet wurden, sollten an das *Western Approaches Command* (Kommando der Westlichen Zufahrtwege) abgegeben werden, um Konvois im Atlantik zu sichern. Folglich kam man überein, daß die arktischen Konvois während der Sommermonate 1943 ausgesetzt werden sollten.

DER WINTER 1943

Am 6. September 1943 liefen „Scharnhorst", „Tirpitz" und 10 Zerstörer aus ihrem norwegischen Stützpunkt aus, um die Insel Spitzbergen zu beschließen. Die Artillerie der „Scharnhorst" war dabei so schlecht, daß nach Rückkehr in den Hafen ihr Kommandant (Kpt.z.S.Hüffmeier) sofort wieder mit ihr zu Schießübungen in See ging. Während die „Scharnhorst" in See war, griffen am 22. September britische Kleinst-Uboote die „Tirpitz" an ihrem Liegeplatz an, beschädigten ihre Maschinenanlage und setzten sie außer Gefecht – nach Bericht der deutschen Seekriegsleitung mindestens bis April 1944. Am 23. September verließ „Lützow" den Alta-Fjord zur Grundüberholung in Gotenhafen, dem polnischen Ostseehafen Gdingen. Mithin verblieben nur noch „Scharnhorst", sechs Zerstörer der 4. Zerstörer-Flottille und etwa 24 Uboote.

Angesichts der erheblich verminderten Bedrohung durch das

deutsche Geschwader in Norwegen und weiterer ständiger Forderungen der Russen an die britische Regierung, die arktischen Konvois wiederaufzunehmen, willigte die Admiralität ein, die Konvois wieder laufen zu lassen, aber nach dem gegen Ende 1942 begonnenen System. Der neue Oberbefehlshaber der Home Fleet, Admiral Fraser, war der gleichen Meinung wie sein Vorgänger, Admiral Tovey, daß das Auslaufen von 40 Handelsschiffen pro Monat nach Rußland in einem einzigen Konvoi, wie von der Regierung zugesagt, ein viel zu großes Risiko darstellte. So wurden die Konvois wieder in zwei Sektionen in Fahrt gebracht.

Der neue Abschnitt begann am 1. November 1943 mit dem Auslaufen von RA 54A (13 Handelsschiffe in Ballast) von Archangelsk. Der Konvoi bestand aus Schiffen, die seit dem letzten April im Hafen gelegen hatten. Diesem heimgehenden Konvoi folgte das Auslaufen der ersten Sektion des ausgehenden Konvois JW 54A (18 Handelsschiffe) am 15. November. Die Konvois sollten von einer durchlaufenden Sicherung aus Zerstörern und Geleitbooten geschützt werden, mit einem örtlichen Geleitschutz zur Deckung der Schiffe an jedem Ende der Seereise. Die Konvois sollten eine Nahsicherung von Kreuzern im gefährlichsten Teil des Weges südlich der Bären-Insel erhalten. Eine starke Fernsicherung sollte von einem Schlachtschiff-Verband der Home Fleet unter dem Kommando ihres Oberbefehlshabers gestellt werden. Dieser Verband sollte im Raum von 10^0 östl. Länge und etwa 200 Seemeilen südwestlich der Bären-Insel kreuzen. Es wurde so eingerichtet, daß die Konvois auf Ostkurs und auf Westkurs im Gebiet der Bären-Insel einander passieren sollten, so daß die Schlachtschiff- und Kreuzer-Verbände gleichzeitig beide Konvois decken konnten und dadurch der Einsatz schwerer Kampfschiffe ökonomisch gestaltet wurde.

Zwischen November und Mitte Dezember 1943 reisten drei Ost-Konvois (JW 54A, JW 54B, JW 55A) und zwei West-Konvois (RA 54A, RA 54B) ohne einen einzigen Handelsschiffsverlust. Die Wetterbedingungen waren für die Jahreszeit ziemlich gut, und die Deutschen nahmen – außer einem gelegentlichen Uboot-Angriff – keine Notiz von den Konvois.

Obwohl er nicht angegriffen wurde, war der Konvoi JW 55A gesichtet und der deutschen Seekriegsleitung gemeldet worden. Die Tatsache, daß der Konvoi gesichtet worden war, veranlaßte den Oberbefehlshaber Admiral Fraser, die Schlachtschiffdeckung bis nach Kola auszudehnen, da er meinte, daß ein Angriff durch Überwasser-Streitkräfte ziemlich wahrscheinlich wäre. Mit seinem Flaggschiff „Duke of York“ ging Admiral Fraser bis nach Wajenga, wo er den Oberbefehlshaber der russischen Nordflotte, Admiral Arsenij Golowko, traf und mit ihm Besprechungen bezüglich der Konvois abhielt. Angekommen am 16. Dezember, lief Admiral Fraser zwei Tage später wieder aus und ging nach Akureyri auf Island, um Brennstoff zu ergänzen. Der Konvoi JW 55A vollendete seine Reise ohne Zwischenfall; 12 Handelsschiffe liefen am 21. Dezember in die Kola-Bucht ein und sieben am 22. Dezember in Archangelsk.

Am Tage nach dem Auslaufen des Admirals Fraser aus Wajenga, am 19. Dezember, hatte Admiral Dönitz eine

Konferenz mit Hitler, in der er diesen informierte, daß „Scharnhorst“ und die 4. Zerstörer-Flottille den nächsten nach Rußland bestimmten Konvoi angreifen würden, „wenn ein Erfolg des Unternehmens gesichert erscheint“. Die Konferenz dauerte zwei Tage – 19. und 20. Dezember –, aber das wichtigste Ergebnis war die Entscheidung, den nächsten Konvoi nach Rußland anzugreifen.

Der nächste Konvoi nach Rußland war tatsächlich JW 55B. Er ging am 20. Dezember von Loch Ewe aus in See.

Kapitel 1

Der Konvoi geht in See

4.–25. DEZEMBER 1943

Am 4. Dezember 1943 sendete die britische Admiralität den ersten einer Reihe von Funksprüchen, um die Handelsschiffe für einen neuen Konvoi zu versammeln. Diese Schiffe, die zu jener Zeit auf dem Wege über den Atlantik nach Großbritannien waren, sollten nach Ankunft dort wieder mit Frachten für Rußland beladen werden. Der Konvoi JW 55B war geboren.

Die Schiffe erhielten Order, so von ihren Ladehäfen – Häfen wie Hull, Middlesbrough, Birkenhead und dem Clyde – in Küstenkonvois auszulaufen, daß sie spätestens am Nachmittag des 17. Dezember am Abgangspunkt in Loch Ewe eintrafen. Es war geplant, daß der Konvoi JW 55B am 19. Dezember unter dem Schutz einer örtlichen Sicherung aus dem Zerstörer „Scimitar“ vom *Western Approaches Command* sowie „Hound“ (örtl. Geleit-Chef) und „Hydra“, zwei Minensuchbooten der 18. Minensuch-Flottille, auslaufen sollte. Die durchlaufende Sicherung sollte aus dem Minensuchboot „Gleaner“ (Geleit-Chef), den Zerstörern „Whitehall“ und „Wrestler“ und den beiden Korvetten

„Honeysuckle“ und „Oxlip“ bestehen. Am 10. Dezember wurde entschieden, „Scimitar“ gegen die beiden Korvetten „Borage“ und „Wallflower“ auszutauschen, und am 16. wurde der Zerstörer „Obdurate“ in der Zerstörer-Sicherung des Konvois durch Zerstörer „Scourge“ ersetzt.
Obgleich der Konvoi am 19. Dezember auslaufen sollte, waren an diesem Tage die Wetterbedingungen so schlecht, daß das Seeklar auf den nächsten Tag verschoben wurde. Die Kommandanten der Geleitfahrzeuge nahmen am 20. Dezember in Loch Ewe an einer Konferenz teil, auf der Einzelheiten der bevorstehenden Unternehmung festgelegt wurden. Die Zerstörer-Sicherung sollte aus den Zerstörern „Onslow“ (D 17), „Scourge“ (anstelle von „Obdurate“), „Onslaugth“, „Orwell“, „Impulsive“, „Iroquois“, „Haida“ und „Huron“ bestehen. Auf der Konferenz wurde den Offizieren mitgeteilt, daß alle Handelsschiffe im Konvoi 10 Knoten Fahrt halten könnten, und daß die Geleit-Fahrzeuge sich mit dem Konvoi auf etwa 64°N treffen sollten, wo die örtliche Sicherung abdrehen würde.
Die Geleite wurden darüber informiert, daß die Kreuzergruppe, Verband 1, die beiden Konvois JW 55B und RA 55A im Bereich der Barentssee decken würde, und daß Verband 2, der die starke Deckung mit einem Schlachtschiff darstellte, von Akureyri auf Island auslaufen würde, um JW 55B von 27°O bis 38°O zu decken und dann unter Abschirmung von RA 55A nach Scapa Flow zurückzukehren. Den Geleit-Kommandanten wurde auch mitgeteilt, daß ein britisches Uboot vor dem Alta-Fjord kreuzen würde, um jede Bewegung der dort stationierten deutschen Schlacht-

schiff-Gruppe zu beobachten und zu melden. Im Anschluß an die Konferenz ging „Onslow" um 17.00 h zum Alleinmarsch nach Skaalefjord, Island, in See.
Nach der Konvoi-Besprechung am Morgen, bei der die Kapitäne der Handelsschiffe ihre Weisungen für das Fahren im Konvoi, voraussichtliche Wetterbedingungen usw. erhielten, ging der Konvoi unter seinem Kommodore Rear-Admiral M. W. S. Boucher ankerauf und um 15.00 h am 20. Dezember von Loch Ewe in See. Infolge einer Maschinenstörung war „Hydra" außerstande, zusammen mit der Sicherung auszulaufen; sie folgte später am gleichen Tage, um 23.25 h ab Loch Ewe, um sich dem Konvoi anzuschließen.
Sobald sie frei von den Hafensperren waren, formierten sich die 18 Schiffe des Konvois in zwei Kolonnen, um die Enge von North Minch mit verminderter Fahrt von 8,5 Knoten zu durchlaufen.
An Bord der „Belfast", dem Flaggschiff des 10. Kreuzer-Geschwaders, vor Anker in der Kola-Bucht, war eine Besprechung der Kommandanten des Verbandes 1, der Geleitboote des RA 55A sowie der Schiffskapitäne für 17.00 Uhr angesetzt, begann aber erst um 19.00 Uhr. Die Besprechung, der auch der SBNO North Russia (Dienstältester britischer Marine-Offizier in Nord-Rußland) beiwohnte, endete eine Stunde später um 20.00 h, und die Offiziere kehrten auf ihre Schiffe zurück, um mit den Vorbereitungen zum Seeklar zu beginnen.

Nachdem er nachts die Minches passiert hatte, bildete der JW 55B eine normale Marschformation von sechs Kolonnen in Dwarslinie (siehe Skizze 13). Nach geglückter Durchfahrt durch die gefährliche Enge wurde die Fahrt des Konvois um einen Knoten auf 9,5 Knoten erhöht. In den Morgenstunden absolvierten die Schiffe ihre übliche Konvoi-Ausbildung, Geleitfahrzeuge und Handelsschiffe erprobten ihre Nah-Flak für den Fall eines Luftangriffs, der Konvoi übte Not-Wendungen, wie sie in Fällen von Angriffen durch feindliche Seestreitkräfte bei Tage ausgeführt wurden. Da die meisten Handelsschiffe bereits in Konvois gefahren waren, sei es über den Atlantik oder nach Rußland, waren diese Übungen für die Besatzungen nichts Neues, und sie führten sie außerordentlich gut durch.

Die Zerstörer-Sicherung für JW 55B kam um 09.00 h in Skaalefjord an, gefolgt von „Onslow" um 10.15 h. Die örtliche Sicherung des JW 55B erhielt um 10.45 h Nachricht vom Befehlshaber in Rosyth, daß eine Beaufighter am Nachmittag versuchen würde, den Konvoi zu orten, und daß der Geleit-Chef die voraussichtliche Position des JW 55B funken sollte. Zu Mittag blies der Wind aus SSO mit Stärke 4, Sicht 6, Himmel allgemein wolkig, See 24. Während des Tages sichtete JW 55B eine Tarpon-Maschine der *Royal Navy* und ein Catalina-Flugboot und um 15.00 h die RAF-Beaufighter, die versucht hatte, den Konvoi zu orten. „Hound" gab der Beaufighter den Schiffsort des Konvois und ebenso die voraussichtliche Position des Konvois für den 22. Dezember 08.00 h. Um 16.00 h übte der Konvoi wieder Manöver; diesmal waren es Not-Wendungen für den Fall eines nächtlichen Uboot-Angriffs. Am Nachmittag des 21. Dezember hielten die Kommandanten der Zerstörer-Sicherung an Bord der „Onslow" in Skaalefjord eine Konferenz ab. Der Verband lief um 23.45 h aus zum Treffpunkt mit dem Konvoi. Etwas früher am Abend, um 21.57 h, erhielt die örtliche Sicherung des JW 55B einen Funkspruch, daß sie am nächsten Tage ein Sunderland-Flugboot von der 18. Group des *Coastal Command* (Küstenkommando der RAF) zu erwarten hätte. Das Flugboot sollte Ubootsicherung während der Tagesstunden fliegen.

DER KONVOI GESICHTET, 22. DEZEMBER 1943

In der Nacht vom 21. zum 22. Dezember verpaßten „Ocean Valour" und „John Abel" in der Backbord-Außenkolonne die Ausführung einer Kursänderung von 002° auf 017°. Sie liefen mit Kurs 002° weiter und verloren den Konvoi. „Whitehall" wurde entsandt, die fehlenden Schiffe zu suchen, und die Fahrt des JW 55B wurde auf 8 Knoten herabgesetzt, bis sie wieder herangeschlossen waren.

Um 09.20 holte „Hydra" den Konvoi ein, und um 10.30 h am 22. wurde „Whitehall" aus der Sicherung detachiert, um aus dem Tanker „British Statesman" Brennstoff zu ergänzen. Das Sunderland-Flugboot in der Ubootsicherung für den Konvoi wurde um 10.30 h von „Hound" angerufen und erhielt den Schiffsort des Konvois. Eine halbe Stunde später, um 10.59 h, sichtete „Gleaner“, die auf Position R im Sicherungsgürtel stand, ein achteraus vom Konvoi – der immer noch auf Kurs 017° lag – passierendes Flugzeug. „Gleaner“ schätzte den Kurs des Flugzeugs auf 090° und vermutete, daß es eine deutsche Do 217 war. Das auf einem Wetter-Fluge befindliche Flugzeug meldete einen Verband von 40 Truppen-Transportern mit Sicherung von Kreuzern und anscheinend einem Flugzeugträger auf der Höhe der Färöer-Inseln. Diese Meldung wurde vom Oberbefehlshaber der Gruppe Nord, Admiral Schniewind, empfangen, der annahm, daß ein Handstreich auf Norwegen unmittelbar bevorstand und den sieben Ubooten der Gruppe Eisenbart, die in einer Standlinie bei der Bären-Insel standen, befahl, vor dem Vest-Fjord zu sammeln. Die Verantwortung für das Fühlunghalten am Konvoi und das Melden jedes Feindverbandes in 300 Seemeilen Umkreis wurde der Luftwaffe übertragen, während die Kampfgruppe in dreistündige Bereitschaft gelegt wurde. Etwas später jedoch kam man zu der Überzeugung, daß die gemeldeten Schiffe nicht zu einem Handstreich auf Norwegen bestimmt, sondern Teil eines normalen Konvois nach Nordrußland waren. Dementsprechend erhielt die Gruppe Eisenbart Befehl, wieder die Standlinie in der Bären-Insel-Straße anstatt vor dem Vest-Fjord einzunehmen.

Gegen Mittag begann sich das Wetter zu verschlechtern, der noch aus SSO kommende Wind hatte auf Stärke 4 bis 5 zugenommen, und die Sicht betrug noch 6 bei allgemein wolkigem Himmel. Jedoch war der Seegang stärker geworden auf 43. Um 12.25 h schloß die sichernde Sunderland an die Zerstörer der Flotte heran, die den Konvoi-Treffpunkt ansteuerten, und meldete den Konvoi in Peilung 352°, Abstand 24 Seemeilen. Captain McCoy änderte daraufhin Kurs auf 000° und stellte die Zerstörer mit 2 Seemeilen Abstand voneinander auf, um den Konvoi leichter auffinden zu können; gleichzeitig erhöhte er die Fahrt auf 18 Knoten. Etwa 12.30 h hatte „Whitehall“ seine Brennstoffergänzung aus der „British Statesman“ beendet; aber in der schweren Dünung, die aufgekommen war, gierte der Tanker so stark, daß „Westler“ keinen Brennstoff von ihm übernehmen konnte. Um 13.15 h kehrte die Sunderland zum Konvoi zurück und gab den Schiffsort der 17. Zerstörer-Flottille an „Hound“ durch.

„Onslaught“ sichtete den JW 55B um 14.00 h in Peilung 027°, und um 15.00 h formierte sich das Geleit um den Konvoi. Capt. McCoy übernahm die Geleitführung von „Hound“, die um 15.15 h vom Konvoi entlassen wurde. „Hound“ und die örtliche Sicherung liefen dann getrennt nach Skaalefjord auf Island. Die Sunderland erhielt vor ihrem Abdrehen um 17.00 h die Position des Konvois auf Kurs 016° bei Fahrt von 10 Knoten, eine Geschwindigkeit, die fast die ganzen letzten 24 Stunden durchgehalten worden war und einen Knoten höher war als die vom Befehlshaber Rosyth geschätzte. An ihn gab die Sunderland die soeben erhaltene Information weiter.

Um 20.47 h, auf ungefährer Position 64°41'N/4°08'W, hörte „Hound“ über sich in der Dunkelheit ein kreisendes Flugzeug; aber es konnte nicht identifiziert werden und flog mit Kurs 340° ab.

Die Lage am 23. Dezember war noch ziemlich ruhig. Der Zerstörer „Wrestler" wurde im Morgengrauen zur Brennstoffübernahme abgeteilt und warf um 13.30 h vom Tanker wieder los. Konvoi JW 55B wurde noch immer beschattet, während RA 55A, der am 22. Dezember um 10.45 h aus der Kola-Bucht ausgelaufen war, unerfaßt blieb. Der Oberbefehlshaber der Home Fleet auf „Duke of York" kam im Laufe des Tages mit seinem Verband 2 in Akureyri an der Nordküste Islands zur Brennstoffergänzung an. Um 01.00 h verließ Verband 1, der die Kreuzer-Nahsicherung für JW 55B und RA 55A darstellte, die Kola-Bucht und begab sich in sein Aufstellungsgebiet östlich der Bären-Insel. Während des Morgens nahm der Wind auf Stärke 7 aus SW zu und drehte gegen Abend auf NO.

Die für den 23. vorgesehene Ubootsicherung war ein Catalina-Flugboot der 18. Gruppe, das beim Konvoi von 09.15 h bis zum Einbruch der Dunkelheit stehen sollte. Auf seiner Position L sichtete „Orwell" um 11.40 h zwei Flugzeuge von Typ Do 217, die in Richtung Backbord voraus vom Konvoi flogen. Sie kamen heran, flogen den Konvoi an Backbord entlang und nahmen schließlich eine Fühlunghalter-Position achteraus vom Konvoi ein. Um 11.45 h funkte Capt. McCoy an den SBNO-Nordrußland die Mitteilung, daß JW 55B noch immer beschattet würde, daß „Haida" und „Iroquois" Feuer eröffnet und die Fühlunghalterflugzeuge getroffen und beschädigt hätten. Die Schäden der Flugzeuge waren jedoch nicht schwer, da sie weiterhin Fühlung am Konvoi hielten und immer dann Deckung in den Wolken suchten, wenn Feuer eröffnet wurde. Die Catalina, die zur Ubootsicherung für den Konvoi vorgesehen war, kam schließlich um 13.30 h an und nahm voraus vom Konvoi Position für die restlichen drei Stunden ihrer Flugzeit.

DER OPERATIONSPLAN

Admiral Fraser berief eine Besprechung der Kommandanten der Schiffe des Verbandes 2 am 23. Dezember ein und legte seine Absichten und Annahmen für die bevorstehende Unternehmung dar. Es war seine feste Überzeugung, daß nach dem sicheren Geleit des Konvois JW 55A nach Rußland die „Scharnhorst" auf jeden Fall auslaufen und einen Angriff auf Konvoi JW 55B versuchen würde. Der Verband 2 war nun fast zwei Wochen zusammen, und der Oberbefehlshaber versäumte keine Gelegenheit, mit seinem Geschwader Übungen für Nachtgefechte mit einem Gegner abzuhalten. Die Offiziere und Besatzungen der Schiffe kannten sich jetzt gut untereinander, aber Admiral Fraser hielt es noch für notwendig, zu betonen, daß jedermann im Falle eines Nachtangriffs seinen Platz und seine Aufgaben kennen müsse. Er erklärte den versammelten Offizieren, daß diese Bemerkung als überflüssig erscheinen könnte, daß aber angesichts der Tatsache, daß unter sich wandelnden Geleiterfordernissen die Schiffsbesatzungen ständig wechselten, eine Kontinuität in der Ausbildung nicht leicht zu erreichen sei. Bei Erläuterung seiner Absichten im Falle des Auslaufens der „Scharnhorst“ stellte er als Hauptziel heraus, nahe an den Gegner heranzugehen und das Feuer mit Leuchtgranaten zu eröffnen, um das Ziel auf eine Entfernung von 11000 Meter zu beleuchten. Die vier Sicherungs-Zerstörer des Verbandes 2 sollten dann Rotten bilden und sich vom Schlachtschiff und Kreuzer absetzen, um auf zum Torpedoangriff geeignete Positionen zu gehen. Endlich sollte „Jamaica“ zur Nah-Unterstützung bei der „Duke of York“ bleiben, aber, falls unter schwerem Beschuß, abdrehen und die Entfernung vergrößern. Bei der begrenzten Fahrstrecke der Zerstörer (siehe Tabelle 2A) könnte dem Konvoi kein Dauerschutz geboten werden, erklärte er, und deshalb würde Verband 2 mit 15 Knoten ins Seegebiet der Bären-Insel gehen und die Deckung übernehmen, wenn der Konvoi eben östlich der Insel stand; dann könnte sich Verband 2 etwa 30 Stunden in dem gefährdeten Bereich aufhalten.

Nach Erläuterung der Absichten ging Admiral Fraser mit Verband 2 um 23.00 h von Akureyri aus in See, und zwar etwa um die gleiche Zeit, als das Geleit von JW 55B vom Befehlshaber Rosyth Mitteilung erhielt, daß das Flugzeug für Ubootsicherung des Konvois am 24. eine Catalina sein würde. Der Kommandant von D 17 („Onslow“) antwortete über SBNO-Nordrußland um 23.15 h und gab für den 24., 01.00 h, den Standort des JW 55B, seinen Kurs, 037°, und eine Fahrt von 9 Knoten an. Er meldete auch die Anwesenheit der fühlunghaltenden Flugzeuge, die an Steuerbordseite des Konvois auf und ab und achteraus geflogen waren. Eine um 20.00 h vom Konvoi durchgeführte 20°-Schwenkung hatte die Flugzeuge nicht abschütteln können; sie blieben in Kontakt bis 23.05 h.

DER 24. DEZEMBER 1943

In den frühen Morgenstunden des 24. Dezember veranstaltete Verband 2 eine letzte Generalprobe für den Angriff auf „Scharnhorst", wobei „Jamaica" als Ziel diente: Um 07.00 h leitete JW 55B gemäß der Konvoi-Kursanweisung Kursänderung auf 057° ein und vollendete sie um 07.15 h, war aber nicht imstande, ein fühlunghaltendes Flugzeug abzuschütteln, das den Konvoi gefunden hatte und für den Rest des Vormittages mit ihm in Kontakt blieb. Der Befehlshaber Rosyth informierte das Geleit um 07.35 h, daß die als Ubootsicherung angekündigte Catalina wegen des schlechten Flugwetters zu ihrem Stützpunkt zurückkehre.

Der Tagesanbruch zeigte, daß die normalerweise sauber formierten Kolonnen der Handelsschiffe über ein weites Gebiet auseinandergezogen waren, und um 11.30 h befahl der Kommodore für den Konvoi Fahrtverminderung um einen Knoten auf 7 Knoten (der Konvoi hatte während der Nacht nur 8 Knoten geschafft), um die Kolonnen auf ihre normalen Positionen aufschließen zu lassen. Inzwischen übernahm „Haida" Brennstoff vom „British Statesman". Die höchste Fahrt, die der Konvoi dann erzielen konnte, betrug 8,5 Knoten. Um 12.00 h stand der Konvoi nur 400 Seemeilen vom Alta-Fjord entfernt, dem Stützpunkt des deutschen Flottenverbandes. Fünfundzwanzig Minuten später meldete „Iroquois“ zwei Flugzeuge, die achteraus Fühlung am Konvoi hielten. Sie wurden auch von einer Anzahl von Booten der Backbord-Sicherung gesichtet. Die Verbände 1 und 2 waren nicht auf Positionen, um dem Konvoi um 12.00 h Nahunterstützung zu bieten, falls die Deutschen auslaufen sollten, und es befand sich nur eine leichte Zerstörersicherung zwischen diesen und dem Konvoi. Die Deutschen waren jedoch noch nie zuvor so weit nach Westen vorgestoßen. Dennoch entschied sich Admiral Fraser nach reiflicher Überlegung, die Funkstille zu brechen, und befahl um 13.25 h dem Konvoi, drei Stunden lang auf Gegenkurs zu gehen, und zwar bis 17.00 h. Zu gleicher Zeit erhöhte Verband 2 seine Fahrt auf 19 Knoten. Das Kehrtmachen des Konvois würde bedeuten, daß „Scharnhorst“ nicht in der Lage sein würde, vor Einbruch der Dunkelheit auf ihn zu treffen; aber das und auch die Fahrtvermehrung des Verbands 2 würde die beiden nicht näher zusammenbringen. Die Fahrt des Konvois wurde um 13.40 h wieder auf 8 Knoten herabgesetzt, damit einige Nachzügler heranschließen konnten. „Haida“ beendete seine Brennstoff-Übernahme um 14.10 h, und vierzehn Minuten später vermehrte der Konvoi wieder die Fahrt um 0,5 Knoten und um 14.30 h abermals, um eine Marschgeschwindigkeit von 9 Knoten einzuhalten.

Dann empfing Capt. McCoy den Funkspruch von Admiral Fraser mit dem Befehl, den Konvoi 3 Stunden lang, bis 17.00 h, auf Gegenkurs gehen zu lassen. Angesichts der Tatsache, daß die planmäßige Geschwindigkeit von 9 Kno-

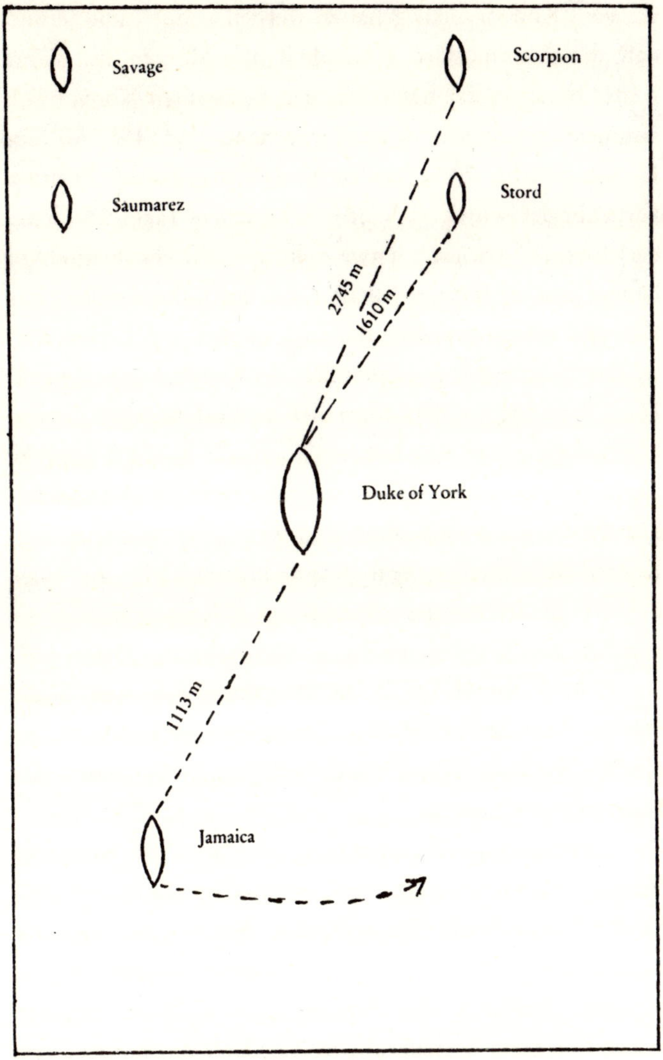

Skizze 2: Marschformation des Verbandes 2

ten vom Konvoi nicht gehalten werden konnte, und ferner, daß der Kommodore absichtlich am Morgen die Fahrt weiter herabgesetzt hatte, um den zerstreuten Konvoi sich sammeln zu lassen, wurde errechnet, daß JW 55B um 17.00 h ohnehin 20 Seemeilen hinter der geplanten Position zurückliegen würde. Bei dem schwachen Tageslicht hatte der Konvoi sowieso Schwierigkeiten, die Formation zu halten, und die farbigen Lichter, die zur Kehrtwendung des Konvois gesetzt werden mußten, würden den fühlunghaltenden Flugzeugen ganz deutlich die Kursänderung zeigen. Nach Beratung mit dem Konvoi-Kommodore ergab sich die Überzeugung, daß eine Kehrtwendung des Konvois unpraktikabel wäre, da sie u. U. diesen noch mehr auseinanderziehen würde, als er ohnehin schon war; so entschlossen sich Konvoi-Kommodore und Kommandant D 17 zu einer Fahrtverminderung des JW 55B auf 8 Knoten und damit zugleich zur Wiederherstellung der Ordnung. Das wurde um 15.40 h ausgeführt in der Annahme, daß diese Maßnahme unter den erwähnten Umständen im Endeffekt die gleiche Wirkung haben würde wie das Zurücklaufen des Konvois mit 9 Knoten.

Die routinemäßige Tagesmeldung über Standort, Kurs und Fahrt des Konvois wurde von Capt. McCoy um 18.00 h über SBNO-Nordrußland abgesetzt mit der Angabe, daß der Konvoi von 12.20 h bis 16.26 h beschattet worden war, zu welchem Zeitpunkt die Flugzeuge die Fühlung verloren hatten. Verband 1 steuerte den Tag über einen Kurs, mit dem er sich südlich des RA 55A hielt, und ging um 19.00 h auf nördlichen Kurs.

Um 19.28 h schoß „Honeysuckle“, die in der Steuerbord-Sicherung des JW 55B stand, zwei Leuchtgranaten; aber es war falscher Alarm und hatte lediglich eine Beleuchtung von „Wrestler“ zur Folge.

WEIHNACHTSTAG, 25. DEZEMBER 1943

Um 01.00 h des 25. änderte Verband 1 Kurs auf 170° und begann mit Nord-Süd-Schlägen von jeweils 5 Stunden Dauer durch ein Gebiet östlich 25° zu zickzacken. In den frühen Morgenstunden erkannte Admiral Fraser, daß JW 55B die vorgesehene Fahrt von 9,5 Knoten nicht hielt und die Begegnung mit RA 55A nicht, wie vereinbart, in der Nähe der Bären-Insel stattfinden würde. RA 55A war so in Wirklichkeit ohne jeden Schutz schwerer Streitkräfte, und deshalb dirigierte ihn der Oberbefehlshaber nach Norden, weg von jedem möglichen Bereich eines Überwasserangriffes. Gleichzeitig forderte er mit diesem Funkspruch – den er über den Admiral der Zerstörer der Home Fleet (Rear-Adm. I. G. Glennie, den dienstältesten Seebefehlshaber in Scapa Flow) leitete – vom Geleitführer des RA 55A, Capt. Campbell, vier Flotten-Zerstörer zur Verstärkung der Sicherung des JW 55B zu detachieren. Die Auswahl dieser Zerstörer wurde dem Geleit-Führer des RA 55A überlassen. Er bestimmte die 36. Division, da sie noch über die größten Brennstoff-Reserven verfügte, und um 02.00 h wurden die vier Zerstörer („Musketeer“ [Führerboot], „Matchless“, „Opportune“ und „Virago“) vom Konvoi entlassen und zum Treffpunkt mit JW 55B befohlen. Nach Erteilung dieser Befehle war Admiral Fraser sicher, daß die Geleitfahrzeuge des JW 55B und die Kreuzer des Verbandes 1 imstande sein würden, die „Scharnhorst“ vom Konvoi abzudrängen, ihr vielleicht einige Schäden zuzufügen und so dem Verband 2 Zeit zu geben, an den Schlachtkreuzer heranzukommen.

Während des Morgens bekam die Uboot-Standlinie ersten Kontakt mit JW 55B, indem „U 601“ den Konvoi um 09.01 h auf 72°32'N/12°30'O sichtete. „Whitehall“ peilte den Sichtungsspruch ein und meldete das um 10.04 h. Ein Do 18-Fühlunghalter-Flugzeug wurde ebenfalls gesichtet und 11.15 h von „Iroquois“ gemeldet. Bald nach Sichtung kehrte das Flugzeug wegen des schlechter werdenden Wetters zu seinem Stützpunkt zurück. Der SO-Wind Stärke 4 nahm auf Stärke 7 zu und drehte auf SW; die Regenböen gingen in dichtes Schneetreiben über. „Whitehall“ bekam eine weitere Uboot-Peilung um 11.35 h, die zeigte, daß die Feindstreitkräfte in stetem Aufmarsch zum Angriff auf JW 55B begriffen waren. Die schweren Wetterbedingungen hinderten die Deutschen am Einsatz weiterer Aufklärungsflugzeuge zum Fühlunghalten am JW 55B während des 25., aber sie hofften, daß die Uboote, die nunmehr Fühlung gewonnen hatten, weiterhin den Konvoi beschatten und seine Bewegungen melden würden. Wegen dieser Bewegungen und einer Besteckversetzung am 24. wurde der Konvoi-Kurs um 12.00 h auf 075° geändert und er auf seinen planmäßigen Reiseweg zurückgebracht. Das Uboot hielt während dieser Kursänderung Fühlung, und eine Peilung

um 12.09 h zeigte, daß es langsam an der Backbordseite des Konvois auflief.
Um 12.15 h wurde der Kampfgruppe durch Konteradmiral Klüber, den Admiral Nordmeer, einstündige Bereitschaft befohlen. Die Ereignisse begannen sich zu überstürzen, als die Deutschen zum Auslaufen gegen JW 55B seeklar machten.
„Orwell" und „Whitehall" aus dem Geleit des JW 55B wurden abgeteilt, eine HF/DF-(Kurzwellen)-Peilung in 208° – „U 601" – um 12.35 h an Backbordseite des Konvois zu untersuchen und bekamen Befehl, einen Bereich bis zu 10 Seemeilen vom Konvoi abzusuchen. Während ihrer Abwesenheit stieß die vom RA 55A detachierte 36. Division um 12.55 h zu dem Geleit und bezog 4 Seemeilen voraus vom Konvoi Position mit 1 Seemeile Zwischenraum der Zerstörer. Bei dem Versuch, „U 601" zu finden, bekam „Whitehall" um 12.58 h einen zweiten HF/DF-Kontakt in Peilung 260°.

UNTERNEHMEN „OSTFRONT" BEGINNT, 25. DEZEMBER 1943

Admiral Dönitz funkte schließlich um 14.15 h den Befehl zum Beginn der Operationen gegen JW 55B durch die Kampfgruppe; der Spruch lautete „Ostfront – 25. 12.". Das bedeutete, daß die Kampfgruppe an diesem Tage in See gehen sollte. Die von Admiral Dönitz an Admiral Schniewind gesandten Befehle waren ganz klar, was die Durchführung der Operationen durch Konteradmiral Bey anbetraf. Sie stellten fest, da der Feind den russischen Armeen an der Ostfront durch Zuführung von Nachschub und Waffen zu helfen versuchte, müßte die Deutsche Kriegsmarine versuchen, ihrem Heere bei der Bekämpfung der Russen zu helfen. Zu diesem Zweck hätten „Scharnhorst“ und die fünf Zerstörer der Kampfgruppe 1 („Z 29“, „Z 30“, „Z 33“, „Z 34“ und „Z 38“) auszulaufen und den Konvoi anzugreifen. Falls jedoch gewisse Umstände einträten, könnte das Unternehmen nach Ermessen der Marine-Gruppe Nord abgebrochen werden. Diese Bedingungen waren, daß bei Auftreten starker Feindstreitkräfte „Scharnhorst“ das Gefecht abbrechen sollte. Um 14.20 h funkte „U 601“ eine weitere Sichtmeldung des JW 55B mit dem Standort und einer Wettermeldung, die zeigte, daß sich die Bedingungen langsam verschlechterten. Der Wind blies nun aus Süden mit Stärke 7 und heftigem Regen, die Sicht betrug nur noch zwei Seemeilen. Die schlechter werdenden Bedingungen und die Tatsache, daß keine Luftaufklärung möglich war, veranlaßten Admiral Schniewind, Admiral Dönitz um eine Verschiebung des Unternehmens zu bitten. Er schlug einen neuen Plan vor, wonach die Zerstörer den Konvoi angreifen sollten, während „Scharnhorst“ sie aus der Ferne deckte. Admiral Dönitz lehnte eine Änderung seines ursprünglichen Plans ab, der vorsah, daß „Scharnhorst“ den Konvoi während der Nacht ungefähr auf dem Längengrad des Nordkaps angreifen sollte. Drei der Zerstörer sollten bis Tagesanbruch Fühlung am Konvoi halten, dann sollten „Scharnhorst“ und die beiden Zerstörer, die auf Abstand im Dunkel geblieben waren, heranschließen und den Konvoi im

Nahgefecht angreifen. Falls schwere Feindschiffe erschienen, sollte „Scharnhorst" sofort den Kampf abbrechen und ihr Absetzen durch die Zerstörer in hinhaltendem Gefecht gedeckt werden.
Eine Stunde nach Eintreffen des Stichwortes gab Admiral Schniewind um 15.15 h den Befehl – Unternehmen Ostfront 17.00 h – an Konteradmiral Bey weiter. Admiral Bey's Auftrag lautete, mit „Scharnhorst" und den fünf Zerstörern beim ersten Tagesgrauen des 26. – etwa 10.00 h – den Konvoi anzugreifen, und zwar nur dann anzugreifen, wenn Wetter und Sicht günstig waren und er genügend Nachrichten über die feindlichen Streitkräfte besaß. Wenn die Bedingungen für „Scharnhorst" ungünstig waren, sollten die Zerstörer den Konvoi auf eigene Faust angreifen, während „Scharnhorst" in einiger Entfernung in Aufnahmestellung stand oder den Ablauf der Ereignisse in einem der Außenfjorde der norwegischen Küste abwartete.
Da Konteradmiral Bey den Befehl zum Beginn der Operationen erst am späten Nachmittag erhielt, mußte er das Seeklar von 17.00 h auf 19.00 h verschieben, um genügend Zeit zu gewinnen für das Übersteigen seines Stabes von 30 Mann und das Setzen seiner Kommandoflagge von „Tirpitz" auf „Scharnhorst". Gleichzeitig berief er eine Besprechung der Kommandanten der beteiligten Schiffe an Bord der „Tirpitz" ein.

Nach den bisherigen Kontakten mit den Ubooten wurde nichts mehr gehört bis 15.42 h, als „U 601“ beim Senden eines Funkspruchs recht achteraus oder an Backbord achteraus vom Konvoi gehört wurde. Es meldete, daß die Sicherung des JW 55B aus drei Kreuzern, fünf Zerstörern und vier kleineren Fahrzeugen bestände, stellte aber fest, daß keine schwereren Streitkräfte gesichtet worden wären. „Orwell“ und „Whitehall“ kehrten um 17.00 h zum Konvoi zurück, ihre Suche nach den Ubooten war erfolglos geblieben; aber bald darauf, um 17.48 h, erhielten „Onslow“ und „Whitehall“ weitere HF/DF-Kontakte mit einem zweiten Uboot in Peilung 260°. Eine Kreuzpeilung durch „Onslow“, „Whitehall“ und „Wrestler“ um 18.24 h zeigte, daß dieses Uboot etwa 20 Seemeilen achteraus vom Konvoi stand und Fühlung hielt.

Um 19.00 h verließen „Scharnhorst“ und die Zerstörer „Z 29“, „Z 34“ und „Z 38“ hinter einem Minengeleit von drei Räumbooten den Alta-Fjord (Skizze 3) und nahmen Kurs auf Ansteuerungspunkt Lucie 1. Dieser Punkt lag mehrere Seemeilen westlich des Fjordeinganges, und bei Erreichen dieses Punktes sollte die Kampfgruppe die Minensuchboote entlassen und dann auf Abfangkurs gegen den Konvoi gehen. Vor dem Kaa-Fjord schlossen sich der Kampfgruppe die Zerstörer „Z 30“ und „Z 33“ an. Unter der Führung von Konteradmiral Bey (Führer der Zerstörer) als Vertreter von Admiral Kummetz, der in Urlaub war, und Kpt. z. S. Hintze als Kommandant, der seine erste Unternehmung mit dem

Schlachtkreuzer fuhr, lief „Scharnhorst" hinaus in die offene See. An Bord befanden sich 40 Kadetten anstelle planmäßiger Mannschaften, die in Urlaub waren; sie machten ihre erste Ausbildungsreise im Kriege.

Kurz vor 20.00 h ging auf „U 716" ein Funkspruch vom F.d.U-Norwegen ein, der allen Booten der Gruppe Eisenbart befahl, JW 55B bei Sichten anzugreifen ohne Rücksicht auf Wetterbedingungen. Fast sofort nach dem Auftauchen sichtete „U 716" einen Zerstörer und schoß einen Torpedo auf ihn, der aber vorn vorbeilief. Um 20.30 h sollte JW 55B eine Kursänderung um 20° für die Nacht vornehmen, aber das Wetter (Wind mit Stärke 8 aus SSO) zwang den Kommodore, vom Kommandanten D 17 eine Verschiebung zu erbitten und den Konvoi auf dem anliegenden Kurs zu belassen. Ein Drehen des Konvois unter den dann zu erwartenden Seegangsbedingungen hätte die Decksladungen gefährdet, die eventuell aus ihren Zurrungen gerissen wären, und auch die Beiboote konnten zertrümmert werden. Capt. McCoy willigte ein, den anliegenden Kurs bis 10.00 h am folgenden Tag beizubehalten.

Etwa 21.16 h dampfte Kampfgruppe I mit 25 Knoten nach Norden und befand sich nur einige Stunden Fahrzeit vom Konvoi entfernt. Die schweren Wetterbedingungen, starker Wind und grobe See, machten den Zerstörern sehr zu schaffen, und Konteradmiral Bey gab einen Funkspruch an das Gruppen-Kdo. Nord ab mit Bericht über die Lage. Kurshalten war äußerst schwierig, und die Geschütze auf den Zerstörern nicht einsetzbar. Um 23.00 h änderte „Scharnhorst" Kurs auf 010°, und bald danach erhielt Konteradmiral Bey einen Funkspruch von Admiral Dönitz mit dem Wortlaut:

1. Feind will durch wichtigen Geleitzug mit Nahrung und Waffen für Russen heldenmütigen Kampf unseres Ostheeres weiter erschweren. Wir müssen helfen.
2. Geleitzug mit *Scharnhorst* und Zerstörern angreifen.
3. Taktische Lagen geschickt und wagemutig ausnutzen. Gefecht nicht mit halbem Erfolg beenden. Angepackte Lagen durchschlagen. Größte Chance liegt in überlegener Artillerie Scharnhorst. Deshalb ihren Einsatz anstreben. Entsprechend Zerstörer einsetzen.
4. Abbrechen nach eigenem Ermessen. Grundsätzlich abbrechen bei Auftreten schwerer Streitkräfte.

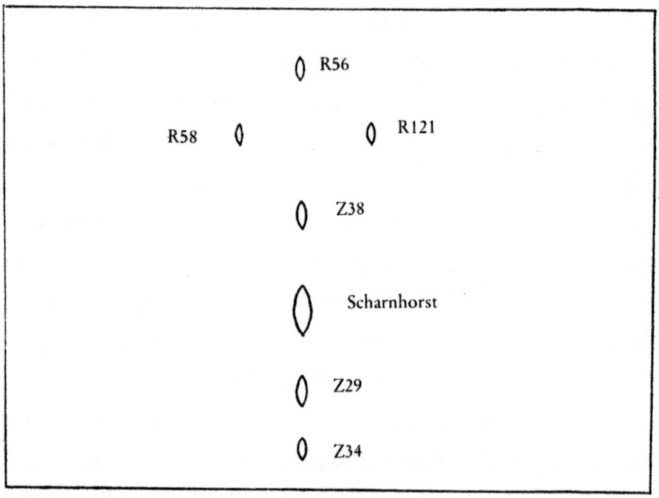

Skizze 3: Marschformation der deutschen Kampfgruppe beim Marsch durch den Fjord

Vice-Admiral Sir Bruce Austin Fraser bei seiner Ernennung zum Oberbefehlshaber (Commander-in-Chief, C-in-C) der Home Fleet.

Mitte:
Ein Konvoi auf dem Wege über den Atlantik bei einer Ausweichwendung.
(Imperial War Museum)

Unten:
Der Konvoi. (Imperial War Museum)

Die Konvoi-Besprechung. (Imperial War Museum)

Rechte Seite:
Oben: Leichter Kreuzer „Belfast“ in nördlichen Gewässern. (Imperial War Museum)

Mitte:
Zerstörer „Whitehall“; beachte Hedgehog auf Geschützposition A, Radar im Vortopp und zusätzliche leichte Flak.

Unten: Kanadischer Zerstörer „Iroquois“.

Der Konvoi geht in See. (Imperial War Museum)

I-94

Zerstörer „Orwell“. (Imperial War Museum)

5. Besatzungen in diesem Sinne einstellen. Ich glaube an Euern Angriffsgeist.

Heil und Sieg! Dönitz, Großadmiral

Um 23.55 h brach Konteradmiral Bey nochmals die Funkstille und gab einen Spruch an die Marine-Gruppe Nord ab mit der Meldung, daß er vermutlich im Operationsgebiet sei, daß die Feuerkraft seiner Zerstörer ernstlich beeinträchtigt sei, und daß die Fahrt herabgesetzt werden müßte.
Inzwischen hielt Verband 2 seinen Ostkurs mit 17 Knoten durch. Die schweren Seen machten jedoch auch den britischen Schiffen das Leben äußerst ungemütlich. Selbst an Bord der „Duke of York“ fanden nur wenige Leute etwas Schlaf, und große Wassermengen brachen durch die Lüfterschächte ein.

Die Annäherung der Verbände

26. DEZEMBER, MITTERNACHT BIS 16.00 h

Konteradmiral Bey lief mit 25 Knoten auf einem nördlichen Kurs von 012°, als er 00.28 h einen Funkspruch mit der Mitteilung erhielt, daß die Luftwaffe gemeldet hätte, sie hätte um 16.25 h des gestrigen Tages die Fühlung am Konvoi verloren. Der Spruch gab jedoch keinen Standort des Konvois an. Um 00.58 h erhielt Konteradmiral Bey einen zweiten Spruch des Inhalts, daß ein BV 138-Flugboot den JW 55B zuletzt um 15.10 h des vorangegangenen Tages gesichtet hätte, und daß eine Funkmeßaufklärung keinen Kontakt mit irgendwelchen Feindkräften in einer Entfernung von 50 Seemeilen erbracht hätte. Aber auch in diesem Spruch war noch immer keine Meldung über den Standort des Konvois enthalten.

Vice-Admiral Burnett (Verband 1) hatte die Absicht, am 26. um 08.00 h in einer Position etwa 40 Seemeilen östlich von JW 55B zu stehen. Um diese Position zu erreichen, änderte er um 01.00 h Kurs auf 260°. Der Äther schwirrte nun von Funksprüchen, als sich die Verbände einander näherten. Um 02.14 h erhielt Konteradmiral Bey einen weiteren Spruch vom Gruppen-Kdo. Nord, der eine Wiederholung des ihm um 21.16 h des gestrigen Abends von Admiral Dönitz gesendeten Spruchs war. Zusätzlich zum Spruch von Admiral Dönitz betonte das Gruppen-Kdo. Nord, daß, wenn „Scharnhorst" selber den Konvoi angreifen würde, dies für sie ein gefährliches Risiko bedeute; aber jede endgültige Entscheidung, ob angegriffen werden sollte oder nicht, war Konteradmiral Bey zu überlassen. Das Auslaufen der deutschen Kampfgruppe aus dem Fjord war von einem Norweger beobachtet worden, und die britische Admiralität erhielt eine Meldung darüber in den ersten Stunden des 26. Um 03.19 h setzte die Admiralität einen Spruch an Admiral Fraser ab, der ihn 20 Minuten später erhielt mit der Nachricht, daß die „Scharnhorst" ausgelaufen war. Admiral Fraser hatte in diesem Augenblick nur die eine Besorgnis, daß er, falls „Scharnhorst" den Konvoi bei Tageslicht angriff und sich sofort wieder zurückzog, zu weit ab stehen würde, um Hilfe zu leisten.

Weil JW 55B seit dem Verlassen Islands fast ständig von Flugzeugen beschattet worden war und auch Uboote Fühlung am Konvoi gehabt hatten, war es ziemlich klar, daß dieser das Ziel der „Scharnhorst" war, und zwar um so mehr, als RA 55A noch immer nicht geortet worden war. Um 04.00 h stand RA 55A etwa 200 Seemeilen westlich der Bären-Insel und steuerte Kurs 217° mit 8 Knoten. Südlich der Bären-Insel in einem Abstand von 50 Seemeilen steuerte JW 55B Kurs 070°, ebenfalls mit 8 Knoten. Kreuzer „Belfast" mit Verband 1 lag auf Kurs 235° mit 18 Knoten Fahrt und stand 150 Seemeilen östlich von JW 55B, während 350 Seemeilen im Südwesten der Verband 2 mit 24 Knoten – der höchstmöglichen Geschwindigkeit bei dem schlechten Wetter – mit Kurs 080° lief, um an den Konvoi und Verband 1 heranzuschließen (siehe Skizze 4). Der heftige SW-Wind von Stärke 7 machte jedoch dem Verband 2 viel zu schaffen und zwang ihn, seine Fahrt mäßig zu halten in dem Bestreben, ein Querschlagen der Zerstörer in der schweren achterlichen See zu verhindern. Auch die „Duke of York" war nicht gefeit gegen das Wetter; ihr Vorschiff war fast ständig überflutet, und viel Wasser drang durch die Lüfterschächte ein.

In einem Funkspruch mit Uhrzeitgruppe 04.01 befahl Admiral Fraser dem Kommandanten D 17, den Konvoi JW 55B auf einen nördlichen Kurs zu bringen, und forderte von Vice-Admiral Burnett die Meldung seines Standortes, während er selbst zugleich die eigene Position, Kurs und Fahrt (71°07'N/10°48'O, 080°, 24 Kn) angab und damit zum zweiten Male die Funkstille brach. Vice-Admiral Burnett antwortete auf Admiral Frasers Spruch um 05.46 h und gab Standort, Kurs und Fahrt von Verband 1 an (73°38' N/26°00'O, 235°, 18 Kn). Es lief jetzt eine außerordentlich grobe See, bei bleigrauem Himmel und stürmischen SW-Winden Stärke 7 bis 8.

Eben vor 06.00 h begann sich das Wetter etwas zu bessern, und die 36. Zerstörer-Division begann mit Suchkursen entlang der Steuerbord-Seite des Konvois bis zu einem Abstand von 15 Seemeilen, um „U 716", das am Konvoi Fühlung hielt, unter Wasser zu drücken. Fünf Minuten später, um 06.05 h, ging auf „Onslow" der Funkspruch des Oberbefehlshabers ein, der JW 55B befahl, nach Norden zu steuern. Dem wurde sofort durch mehrere Schwenkungen von 20° Folge geleistet. Ein weiterer Funkspruch, der dem Konvoi einen Kurs von 045° befahl, wurde vom Oberbefehlshaber um 06.28 h abgegeben und zu gleicher Zeit dem Verband 1 befohlen, an den Konvoi heranzuschließen und ihm Nahdeckung zu geben.

„Belfast“ wurde um 07.00 h in Gefechtsbereitschaft gebracht, gerade als die „Scharnhorst“ der 4. Zerstörer-Flottille befahl, einen Aufklärungsstreifen quer zum vermuteten Kurs des JW 55B zu bilden. Konteradmiral Bey befahl der Kampfgruppe, Kurs 250° mit 12 Knoten Fahrt zu steuern, und „Scharnhorst“ drehte nach Südwesten ab. Bei dem hohen Seegang und dem starken Gegenwind war es für die deutschen Zerstörer sehr schwer, den von Konteradmiral Bey befohlenen Kurs zu halten, und sie mußten die Fahrt auf 10 Knoten herabsetzen.

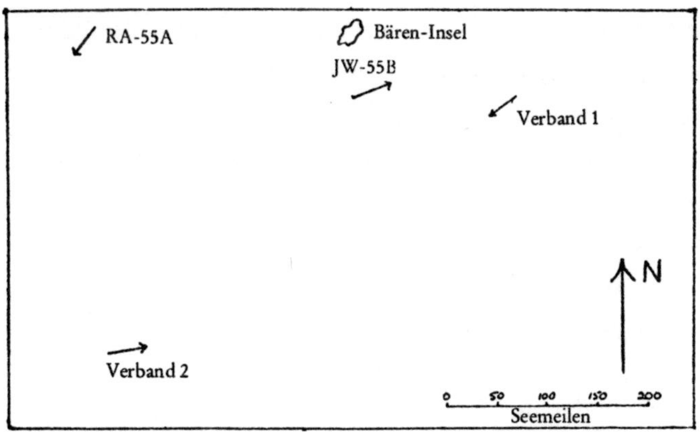

Skizze 4: Die Lage um 04.00 h

Der Funkspruch des Oberbefehlshabers von 06.28 h wurde von „Onslow“ um 07.05 h empfangen, als der Konvoi gerade auf neuem Kurs 035° lag. Der 06.28 h-Spruch wurde vom Verband 1 um 06.51 h aufgenommen, und um 07.12 h ging das Geschwader auf neuen Kurs 270° und näherte sich dem Konvoi von Südosten. Dadurch vermied es die Möglichkeit, im Falle eines Gefechts gegen den schweren Seegang andampfen zu müssen.

Konteradmiral Bey schätzte um 07.30 h, daß er sich 40 Seemeilen südöstlich der Bären-Insel auf Position 73°52'N/23°10'O befand, und er befahl der Besatzung der „Scharnhorst“, auf Gefechtsstationen zu gehen. „Scharnhorst“ befahl eine Kursänderung auf 230° um 07.55 h, drehte selbst aber zur gleichen Zeit von ihrem SW-Kurs auf einen Kurs West zu Nord. Die 4. Z-Flotille erhielt Befehl, einen Aufklärungsstreifen mit 9 Seemeilen Zwischenraum 10 Seemeilen vor dem Flaggschiff zu bilden. Unglücklicherweise empfingen die Zerstörer nur einen Teil des Signals, und sie und die „Scharnhorst“ verloren ohne es zu wollen die Verbindung. Die Zerstörer klärten ein Gebiet auf, das nicht das von Konteradmiral Bey beabsichtigte war.

Nach Empfang einer Meldung von Standort, Kurs und Fahrt des JW 55B um 07.42 h änderte Verband 1 um 08.00 h Kurs auf 300°, um zum Konvoi zu stoßen, wie vom Oberbefehlshaber gefordert. Der Spruch enthielt jedoch einen Fehler, und eine Berichtigung des Konvoi-Standortes wurde kurz nach 08.00 h an Vice-Admiral Burnett gegeben. Inzwischen beendete die 36. Zerstörer-Division ihre Jagd auf „U 716“, das sie in Position 73°00'N/19°25'O überlief, und kehrte um 08.14 h zur Sicherung des JW 55B zurück. Sobald die Zerstörer über ihm vorbei waren, tauchte „U 716“ auf und gab eine Sichtungsmeldung ab, die auf „Scharnhorst“ aufgenommen wurde und sie veranlaßte, Kurs nach Nordosten zu ändern. Zu diesem Zeitpunkt rissen alle Nachrichtenverbindungen zwischen „Scharnhorst“ und der 4. Zerstörer-Flottille ab.

Nach Eingang des Funkspruchs mit der Berichtigung der Position des JW 55B änderte Vice-Admiral Burnett um 08.15 h den Kurs von Verband 1 um weitere 5° und brachte das Geschwader auf Kurs 305° unter gleichzeitiger Fahrtvermehrung der Kreuzer auf 24 Knoten.

„SCHARNHORST“ GEORTET

Um 08.30 h wurde auf „Sheffield“ Gefechtsbereitschaft befohlen, und vier Minuten später erfaßte das Radar-Gerät (Modell 273) der „Norfolk“ die „Scharnhorst“ in einer Peilung von 280°, Entfernung 30000 Meter. Danach erzielte um 08.40 h das gleiche Gerät der „Belfast“ in Peilung 295° in 32000 Meter Entfernung einen Radar-Kontakt, auf den der Kreuzer seine 15,2-cm-Kanonen einrichtete (siehe Skizze 5). Vice-Admiral Burnett funkte sofort eine Meldung des Radar-Kontakts, die von Capt. McCoy auf „Onslow“ um 08.44 h abgehört wurde. Unmittelbar bevor „Belfast“ den Radar-Kontakt erzielte, um 08.39 h, hatte Capt. McCoy der 36. Zerstörer-Division Befehl gegeben, sich in sechs Seemeilen Abstand vom JW 55B aufzustellen, Schiffsabstand 1

Seemeile auf einer 165°-Peillinie vom Konvoi. Um 08.50 h erhielt „Sheffield“ Radar-Kontakt mit dem Ziel; ihr Gerät (Modell 273) verzeichnete ein Echo in Peilung 278° bei einer Entfernung von 28000 Meter.

Fünf Minuten danach sendete Kapt. z. S. Johannesson von „Z 29“ die Sichtmeldung eines Gegners und befahl zugleich „Z 29“ und „Z 30“, sich klar zu halten zur Bekämpfung eines Ziels, das der deutsche Zerstörer gesichtet hatte. Jedoch fast im selben Augenblick erkannte er, daß er einem Irrtum erlegen war: der Zerstörer, den er unter Beschuß nehmen wollte, war „Z 38“, der von seiner Stellung im Norden abgekommen war. Ohne Wissen der 4. Zerstörer-Flottille hatte inzwischen um 08.49 h „Scharnhorst“ einen 360°-Kreis gefahren und ihren ursprünglichen Kurs wiederaufgenommen.

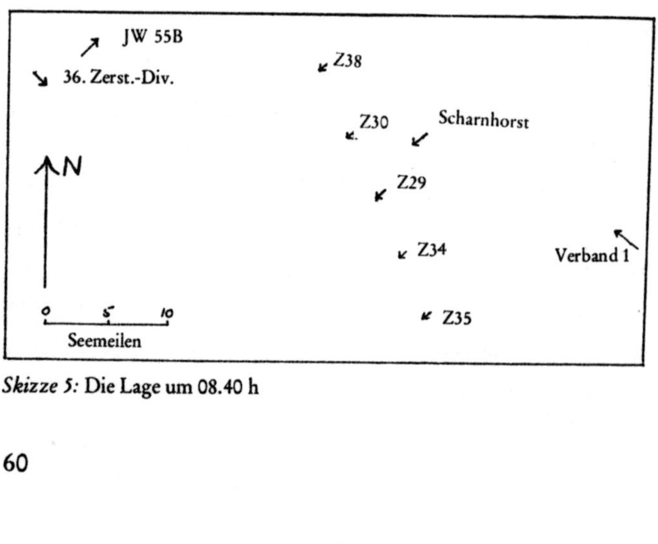

Skizze 5: Die Lage um 08.40 h

Während die britischen Streitkräfte auf „Scharnhorst" zuliefen, beorderte der russische Flottenchef Admiral A. G. Golowko die Uboote „L 20" (Kdt. V. F. Tamman), „K 21" (Kdt. Z. M. Arwanow) und „S 102" (Kdt. L. J. Gorodschedschew) zum Seeraum Nordkap, um den Schlachtkreuzer – wenn möglich – abzufangen und nur anzugreifen, wenn sicher war, daß das angetroffene Schiff die „Scharnhorst" war. Zur gleichen Zeit machten in der Haupt-Flottenbasis Zerstörer Dampf auf und seeklar, und Flugzeuge wurden mit Bomben und Torpedos beladen.

DAS ERSTE GEFECHT

Um 09.00 h faßte das Typ 273-Gerät der „Belfast" ein zweites Echo auf in Peilung 299°, Entfernung 22400 Meter. Drei Minuten später wurde die 15,2-cm-Artillerie der „Belfast" auf das neue Echo gerichtet (Richtung 298°, Entfernung 21000 Meter). Die drei Kreuzer formierten um 09.04 h eine Peilungslinie von 180° auf das erste Echo, und vier Minuten später war die Entfernung des zweiten Echos auf 18750 Meter gesunken bei einer Peilung von 283° von der „Sheffield". Bestätigung der Peilung der „Scharnhorst" vom Konvoi aus mit 125°, Abstand 35 Seemeilen, erhielt Capt. McCoy um 09.12 h, und das wurde durch eine Ortungsmeldung untermauert. Um 09.15 h änderte Verband 1 Kurs auf 260°, mit „Belfast" als Spitzenschiff, die 15,2-cm-Türme erneut auf das ursprüngliche Echo gerichtet. Ihr folgten die „Sheffield" und „Norfolk" als Schlußschiff. Zu diesem

Zeitpunkt schien „Scharnhorst“ mit Kurs 070° und 18 Knoten in einem Abstand von 12000 Meter zu laufen, 250° von Verband 1 peilend. „Sheffield“ sichtete den Schlachtkreuzer zuerst um 09.21 h in Peilung 222° auf eine Entfernung von 12000 Meter. „Belfast“ eröffnete 09.24 h das Feuer mit Leuchtgranaten, ohne jedoch das Ziel zu erfassen, und so folgte eine Minute später „Norfolk“ mit ihrer nicht-mündungsfeuerfreien Cordit-Munition. (Zu dieser Zeit war „Norfolk“ noch nicht mit mündungsfeuerfreier Treibladungsmunition ausgerüstet wie die anderen Kreuzer.) Diese detonierenden Leuchtgranaten wurden von „Onslow“ in Peilung 129° beobachtet und gleich darauf eine Reihe von Mündungsfeuern. Die „Scharnhorst“ stand aber noch außerhalb der Reichweite der Leuchtgranaten, und „Belfast“ und „Norfolk“ stellten zunächst das Feuer ein. Den nächsten Versuch, den Schlachtkreuzer zu beleuchten, machte „Sheffield“ um 09.29 h mit fünf Schuß Leuchtgranaten auf Entfernung 10700 Meter in Richtung 185°. Das Ziel stand noch immer außerhalb der wirksamen Reichweite der Leuchtgranaten, und „Sheffield“ stellte ebenfalls das Feuer wieder ein. Das war zuviel, und Vice-Admiral Burnett befahl um 09.29 h den Kreuzern, das Feuer zu eröffnen, worauf „Norfolk“ um 09.30 h sechs Vollsalven Sprenggranaten auf 9000 Meter schoß, sobald die Schiffspeilung alle Türme zum Tragen brachte. Sie schoß blind nach Radar-Entfernungen und -Peilungen. Es wurde auch befohlen, das zweite Echo zu ignorieren, da man annahm, daß es mit seiner Fahrt von 8 bis 10 Knoten ein Handelsschiff sein müßte. Es war in Wirklichkeit „Z 38“, der von seiner

Stellung gegenüber der übrigen 4. Z-Flottille abgekommen war.
Bei vollem Einsetzen des Gefechtes befahl Admiral Fraser Capt. McCoy, den JW 55B auf nördlicheren Kurs zu bringen, um das Gefechtsfeld freizumachen. Capt. McCoy befolgte den Befehl um 09.30 h. Ebenfalls um 09.30 h nahmen die drei Kreuzer vom Verband 1 eine Kursänderung auf 265° vor; aber das Feuer auf „Scharnhorst“ eröffnete nur „Norfolk“, da sie in diesem Moment im Schußfeld der Türme der „Belfast“ und „Sheffield“ lag. Fast augenblicklich ließ sie sich sacken, um es für „Belfast“ freizumachen, und meldete gleichzeitig Treffer auf „Scharnhorst“ mit der zweiten oder dritten Salve. Die Treffer landeten am Backbord-Artillerie-Leitstand in Höhe der Brücke, von dem die Backbord vorderen 15-cm-Geschütze geleitet wurden, setzten ihn außer Gefecht und zerstörten das Funkmeßgerät im Vormars. Eine andere Granate durchschlug das Backdeck und endete darunter im Mannschaftsdeck, und eine dritte landete zwischen dem Backbord achteren 15-cm-Turm und den Torpedo-Rohren. Die Treffer wurden von „Belfast“ bestätigt. – Um 09.35 h fragte Capt. McCoy bei Vice-Admiral Burnett an, ob er irgendwelche Zerstörerhilfe benötige. Zwei Minuten später befahl Admiral Fraser Capt. McCoy, dem Verband 1 vier Zerstörer zur Unterstützung zu senden. Vice-Admiral Burnett hatte von diesem Spruch von Admiral Fraser keine Kenntnis, und nach Erhalt des ursprünglichen Funkspruchs von Capt. McCoy mit dem Unterstützungsangebot antwortete Vice-Admiral Burnett mit der Anforderung von sechs Zerstörern.

Um der Kursänderung der „Scharnhorst“ auf etwa 150° zu folgen, änderte Verband 1 um 09.38 h Kurs auf 105°, und als „Scharnhorst“ die Fahrt bis auf 30 Knoten erhöhte, vergrößerte sich die Entfernung schnell. Inzwischen feuerte „Scharnhorst“ einige Schuß blind mit ihrem achteren Turm. Bei zunehmender Entfernung ging Verband 1 bis auf 24 Knoten Höchstfahrt, die er im SW-Sturm Stärke 7 bis 8 noch halten konnte. Zwei Minuten später, um 09.40 h, stellte „Norfolk“ das Feuer ein.

In diesem Augenblick erzielte „Whitehall“ in der Konvoi-Sicherung einen HF/DF-Kontakt mit einem Uboot in Peilung 014° und erhielt mit „Wrestler“ zusammen den Befehl, nach dem Uboot bis zu einem Abstand von 15 Seemeilen zu suchen. Während die beiden Zerstörer auf Ubootsuche abwesend waren, formierte sich um 09.45 h die 36. Zerstörer-Division in Kiellinie mit „Musketeer“ als Spitzenboot und ging auf Kurs 045° mit 9 Knoten Fahrt. Sie stand sechs Seemeilen von JW 55B ab in Peilung 165° vom Konvoi aus.

Gerade als die 36. Z-Division Kiellinie bildete, erhielt Konteradmiral Bey eine Sichtmeldung des Konvois von „U 277“, nach der sich JW 55B auf 73°58'N/19°30'O befand. Aber Konteradmiral Bey ignorierte die Meldung und behielt seinen Kurs bei.

Etwa 09.46 h war die Entfernung zwischen Verband 1 und „Scharnhorst“ auf 22 000 Meter gewachsen und nahm weiter zu, da die „Scharnhorst“ weiterhin 30 Knoten lief und dabei Kurs auf 150° änderte. Während der Kursänderung funkte

Konteradmiral Bey an Admiral Dönitz, daß er von einem Kreuzer mit radar-geleiteter Artillerie beschossen würde. Um sich den Bewegungen der „Scharnhorst“ anzupassen, änderte Verband 1 Kurs auf 170°.

Gemäß Admiral Frasers Befehl von 09.37 h detachierte Capt. McCoy die vier Zerstörer der 36. Z-Division um 09.51 h mit der Weisung, an Verband 1 heranzuschließen. Die Zerstörer änderten daraufhin Kurs auf 120° und erhöhten die Fahrt auf 22 Knoten, um die Kreuzer einzuholen.

Obwohl das Gefecht zwischen den Kreuzern und „Scharnhorst“ beendet war, hatte der Schlachtkreuzer den Gedanken eines Angriffs auf JW 55B noch nicht aufgegeben, und um 09.55 h ging er auf einen nordöstlichen Kurs in dem

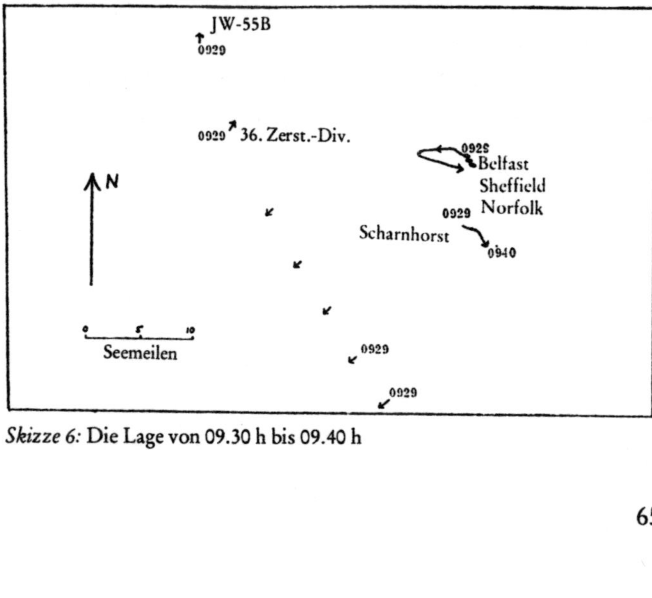

Skizze 6: Die Lage von 09.30 h bis 09.40 h

Versuch, den Konvoi zu umgehen und ihn von Norden anzugreifen. Verband 1 ging sofort auf Kurs 150° und änderte ihn fünf Minuten später, um 10.00 h, auf 305°, um zwischen den Konvoi und die „Scharnhorst" zu gelangen.
Um 10.09 h empfing die deutsche 4. Zerstörer-Flottille einen Befehl, „in die unmittelbare Nähe des Konvois vorzustoßen"; aber Kapt. z. S. Johannesson erwiderte, daß er den vorher befohlenen Kurs 230° mit 12 Knoten steuere. Etwa zu diesem Zeitpunkt erzielten drei deutsche BV 138-Aufklärungsflugboote Funkmeß-Kontakt mit Verband 2 und begannen Fühlung Steuerbord achteraus zu halten, wobei sie den Verband als mehrere nicht-identifizierte Fahrzeuge, ein großes und mehrere kleine, in Position 72°07'N/21°05'O um 10.12 h meldeten. Die angegebene Position lag aber etwa 49 Seemeilen ONO von Admiral Frasers tatsächlichem Standort. Verband 1 änderte um 10.14 h Kurs auf 325°, und fünf Minuten später verschwand das Echo der „Scharnhorst" vom Radarschirm der „Belfast". Die letzte Radarmeldung zeigte, daß der Schlachtkreuzer noch mit etwa 30 Knoten in nordöstlicher Richtung und einer Entfernung von 33000 Metern, 078° peilend, weiterlief.

DIE KREUZER DECKEN JW 55B

Sechs Minuten nach Abreißen des Kontakts mit „Scharnhorst", um 10.25 h, wurde die vom JW 55B detachierte 36. Z-Division auf dem Radarschirm der „Sheffield" ausge-

macht, Peilung 299°, Entfernung 16000 Meter, schnell näherkommend. Auch die deutschen Zerstörer erhielten Befehle; um 10.27 h befahl ihnen Konteradmiral Bey, Kurs 070° zu steuern und die Fahrt auf 25 Knoten zu vermehren. Um 10.30 h sichtete „Musketeer“ den Verband 1 in 4 Seemeilen Abstand in Peilung 110° und erhielt Befehl, die 36. Division als Zerstörersicherung vor Verband 1 mit 28 Knoten Fahrt aufzustellen. In diesem Augenblick erhielt Capt. McCoy, der JW 55B geleitete, die Nachricht, daß Vice-Admiral Burnett die Fühlung mit der „Scharnhorst“ verloren hatte, und deshalb wies er den Kommodore an, den JW 55B wieder auf Kurs 045° zu legen. Die Kursänderung war um 10.44 h beendet.
Verband 1 befand sich um 10.45 h auf Position 73°49'N/21°58'O, und fünf Minuten später ortete das Radar den JW 55B in Peilung 324° und einer Entfernung von 25600 Meter. Vice-Admiral Burnett begann nun, mit 28 Knoten Zickzack-Kurse im Abstand von 10 Seemeilen vor dem Konvoi zu steuern. Beim Erreichen des Wendepunktes zum zweiten Schlag des Zickzack um 10.54 h gelang der 36. Z.-Division noch die Ausführung der 10°-Kursänderung nach Steuerbord, aber der achterliche Wind und die hohen Seen ließen die Boote derart heftig gieren und schlingern, daß „Opportune“ aus dem Ruder lief. Dasselbe Problem trat wieder um 10.58 h auf, als JW 55B sich im Abstand von 25000 Meter von der „Sheffield“ befand und 322° peilte. Zehn Minuten später, um 11.08 h, war die Problematik des Steuerns der Zerstörer bereits so, daß Vice-Admiral Burnett gezwungen war, den Kurs auf 000° zu ändern und die Fahrt

auf 18 Knoten zu vermindern. Die Zerstörer schlossen dann an die Kreuzer heran, bildeten um 11.10 h eine Uboots-Sicherung rund um sie und nahmen um 11.21 h ihre Stationen auf Kurs 045° ein.

Um 11.22 h ortete „Musketeer" ein Flugzeug im Abstand von 21,5 Seemeilen und einer Peilung von 073°. Drei Minuten später peilte das Flugzeug in 080°, 21 Seemeilen ab, und hatte sich um 11.26 h auf 19 Seemeilen genähert bei einer Peilung von 095°. Um 11.35 h erfaßte das Seeziel-Warnradar der „Norfolk" einen Kontakt auf 24700 Meter Entfernung, Peilung 127°. Vice-Admiral Burnett meldete ihn um 11.43 h nach Scapa Flow als nicht-identifiziertes Fahrzeug, Kurs 140°, Peilung 149°, Entfernung 12 Seemeilen. Das Echo wurde jedoch wenige Minuten danach, um 11.50 h, verloren.

Um diese Zeit begann auf den Zerstörern, die den Verband 2 sicherten, der Brennstoff knapp zu werden. Admiral Fraser stand nun vor der qualvollen Entscheidung, ob er den Versuch, die „Scharnhorst" abzufangen, falls der Verband 1 nochmals Kontakt mit ihr bekam, fortsetzen oder nach Scapa Flow zurückkehren sollte.

DAS ZWEITE GEFECHT

Um 11.55 h steuerte der Verband 1 Kurs 045° mit 18 Knoten, als der Konvoi eine Schwenkung auf 125° einleitete, um Verband 1 zwischen sich und die „Scharnhorst" zu bringen. Das geschah nach einem 11.22 h bei Capt. McCoy

Ein Schlachtschiff der „King George V"-Klasse beim Feuern von 35,6-cm-Geschützen des Turmes „Y".

Korvette „Honeysuckle". (Imperial War Museum)

Ein Konvoi in der Arktis: Seeleute beim Eispicken am Bug.

Admiral Schniewind (Mitte)
(Imperial War Museum)

Mitte: Schlachtschiff „Duke of York" in schwerer See.

Unten: eine Besprechung in der Admiralskajüte der „Scharnhorst".

„Scharnhorst" in arktischen Gewässern. (Imperial War Museum)

„Z 29“ in einem norwegischen Fjord.

„Z 38“.

(1 Drüppel; 1 Real Photos)

Leichter Kreuzer „Sheffield“.

eingegangenen Funkspruch von Admiral Fraser, in dem dieser ihn anwies, nach eigenem Ermessen den Kurs festzusetzen, den der Konvoi steuern sollte. Um 11.58 h befahl Konteradmiral Bey die 4. Zerstörer-Flottille zum Angriff auf JW 55B in der von „U 277" um 09.45 h angegebenen Position. Die Zerstörer standen nun gut östlich vom Konvoi, und, um die genannte Position zu erreichen, mußten sie wenden und wieder gegen den Sturm dampfen. Sieben Minuten später ortete das Typ 273-Radar um 12.05 h den Konvoi 9 Seemeilen vom Verband 1 ab, und zwar an Backbord achteraus in Peilung 275°. Zu diesem Zeitpunkt erhielt die 36. Z-Division, mit „Musketeer" an der Spitze, den Befehl, an Steuerbord voraus von Verband 1 zu sammeln, was um 12.07 h geschah, und sich in Kiellinie eine Seemeile vor „Belfast" mit Kurs 045° und 18 Knoten Fahrt zu formieren. Aber schon eine Minute später wurde ihnen befohlen, in 090° von „Belfast" im Abstand von zwei Seemeilen Aufstellung zu nehmen. Um 12.10 h hatte das Radar 273 der „Sheffield" in Peilung 079° und einer Entfernung von 24700 Meter einen Kontakt. Die Echopeilung wurde bis 12.15 h gehalten und die beiden Radar vom Typ 285 der Artillerie suchten regelmäßig das Gebiet ab. Da das Ziel anscheinend einen Kurs von 240° steuerte, ging Verband 1 auf Kurs 100°. Vice-Admiral Burnett befahl den Kreuzern, das Feuer zu eröffnen, sobald die Entfernung auf 10500 Meter gesunken war, und befahl der 36. Z-Division, zu versuchen, einen Anlauf auf die „Scharnhorst" zu fahren und mit Torpedos anzugreifen. Um 12.23 h war die Entfernung des Echos auf 12000 Meter verringert, es kam schnell näher, und die 15,2-cm-Geschütze der „Sheffield“ wurden geladen. Dann, als die Entfernung auf 9600 Meter herunter war, schoß „Belfast“ Leuchtgranaten, die vom JW 55B in Peilung 083° beobachtet wurden. Alle drei Kreuzer begannen auf das Ziel, das 12.24 h in Sicht kam, zu feuern, und „Musketeer“ fiel ein, als die „Scharnhorst“ 6400 Meter von der 36. Division entfernt war. Sobald das Feuer eröffnet wurde, drehte „Scharnhorst“ nach Nordwesten und eröffnete ihrerseits das Feuer auf Verband 1, der Kurs auf 040° änderte. Drei dieser Aufschläge lagen deckend an Back- und Steuerbord achtern beim Schlußboot der 36. Division – der „Virago“ –, die eben vor Verband 1 passiert hatte, als das Feuer eröffnet wurde. Die Aufschläge dieser Salve lagen zwischen 350 und 900 Meter neben dem Zerstörer. Als Capt. McCoy die Mündungsfeuer sah, ließ er die Flotten-Zerstörer der Geleitsicherung von JW 55B divisionsweise eine Siche-

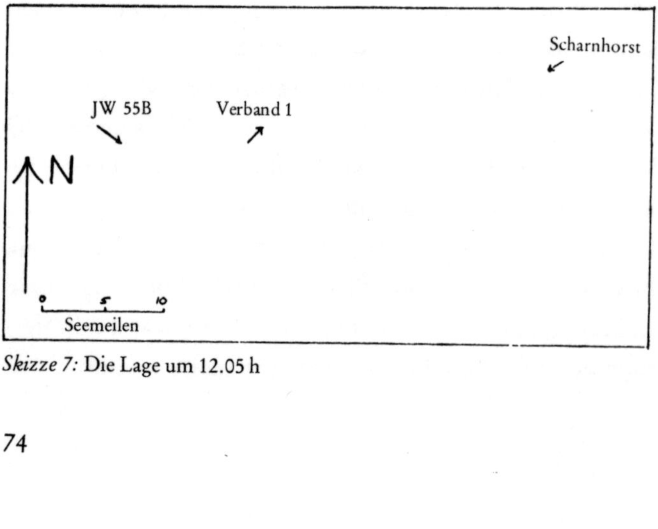

Skizze 7: Die Lage um 12.05 h

rung an der Backbordseite des Konvois für den Fall bilden, daß die „Scharnhorst" dem Verband 1 ausweichen und den Konvoi angreifen sollte.

In den ersten drei Minuten des Gefechts schossen „Sheffield" und „Belfast" volle Breitseiten, und zwar „Sheffield" fünf und „Belfast" neun Vollsalven ihrer je 12 Rohre nach Radar-Entfernungen und -Richtungen. Treffer auf „Scharnhorst" wurden bei „Sheffield"s zweiter und „Belfast"s vierter Breitseite beobachtet. Die Entfernung vergrößerte sich langsam und nahm von 7300 auf 11 400 Meter zu.

Auf „Norfolk" kamen nur die Türme A und B zum Tragen, und sie vermochten zehn Salven zu feuern, von denen sieben als Treffer angesehen wurden, ehe ein Geschoß der „Scharnhorst" um 12.27 h die Barbette des Turms X traf und ihn außer Gefecht setzte. Auch landete eine Granate mittschiffs auf „Norfolk". Durch diese Treffer fiel das Radargerät Typ 284 aus, das Gerät Typ 273 wurde beschädigt und alle übrigen Geräte unbrauchbar. Außerdem fielen ein Offizier und sechs Mann, weitere fünf Mann wurden schwer verwundet. Nach den beiden Detonationen feuerte Turm B noch vier Schuß nach den letzten vom Gerät 284 gelieferten Entfernungswerten, ehe das Feuer zeitweise eingestellt wurde.

Während „Norfolk" das meiste vom Feuer der „Scharnhorst" abbekam, deckte auch eine Salve des Schlachtkreuzers die „Sheffield" ein. Eine Anzahl Granatsplitter trafen den Kreuzer, richteten aber keinen ernsten Schaden an. Zu der Zeit, als „Norfolk" getroffen wurde, führte ein Irrtum in den Befehlen des Artillerie-Offiziers auf „Sheffield" zu einer Beschränkung der Salvenzahl des Kreuzers. Infolge der

schlechten Sicht und der Schwierigkeit, das Ziel im überkommenden Wasser und im Pulverqualm auszumachen, wurde turmweises Schießen befohlen anstatt der Breitseiten, die normalerweise auf die ursprünglich befohlenen schnellen Eröffnungs-Breitseiten gefolgt wären. Das schwächte das Schießen der „Sheffield“ für die Dauer der nächsten sieben Minuten, bis der Befehl zum turmweisen Feuern belegt wurde. Das Feuer der „Sheffield“ wurde endgültig um 12.40 h eingestellt, als bei einer Entfernung von 10400 Meter das Ziel aus der optischen Sicht verschwunden war.
Nach den neun von „Belfast“ geschossenen vollen Breitseiten setzten nur die Türme A und B das Schießen mit Teil-Breitseiten fort, da die Seitenrichtung die Türme X und Y nicht mehr zum Tragen brachte. Die Türme A und B schossen dann noch insgesamt acht Turmsalven nach optischen Verfahren, ehe sie zum Blindschießen für weitere acht Salven übergingen, wovon Treffer am Ziel in der fünften Salve beobachtet wurden. Danach trat am Radargerät 284 eine Störung ein, so daß kein stetiges Echo vom Ziel mehr aufgenommen werden konnte. Man griff nun auf Gerät 273 zurück und verwendete, so gut es ging, seine Werte für einige weitere Salven. Das Feuer wurde um 12.41 h eingestellt, als die Entfernung auf 11300 Meter zugenommen hatte.
Auf „Norfolk“ war das Radar-Gerät 284 bald repariert; aber es gab große Schwierigkeiten, das Ziel mit der Antenne zu halten infolge der schnellen Kursänderung des Kreuzers beim Versuch, dem Feuer der „Scharnhorst“ auszuweichen. Für die „Scharnhorst“ war die „Norfolk“ ein viel leichter einzumessendes Ziel, da der Kreuzer noch nicht mit

mündungsfeuerfreier Munition ausgerüstet war. Nach einiger Zeit wurden vom Gerät 284 wieder brauchbare Werte geliefert, und es wurden weitere neun Breitseiten geschossen, ehe das Feuer endgültig eingestellt wurde.

Während des Gefechts machte „Scharnhorst“ häufig Kursänderungen. Um 12.28 h drehte sie auf einen Kurs nach Backbord, während Verband 1 dem folgte und auf 090° schwenkte, bei 8000 Meter Gefechtsentfernung. Etwa 12.30 h hatte der Schlachtkreuzer auf 135° gedreht und peilte 113° vom Verband 1, der dann Fahrt auf 28 Knoten vermehrte. „Scharnhorst“ lief weiterhin 18 Knoten bei einer Entfernung von 9500 Meter vom Verband 1, und um 12.31 h mußte die 36. Division ihre Fahrt auf 26 Knoten erhöhen bei dem Versuch, den Schlachtkreuzer einzuholen. Um 12.35 h ging sie auf Kurs 135°, um den Bewegungen der „Scharnhorst“ zu folgen. Dann änderte der Schlachtkreuzer wieder den Kurs, auf 110°, und begann voraus von Verband 1 abzulaufen, während er allmählich die Fahrt auf 28 Knoten steigerte. „Musketeer“ stellte 12.36 h nach etwa 52 Salven das Feuer ein, aber eine Minute später eröffnete es „Virago“ mit ihren Geschützen A, B und X. Um 12.41 h, als das Kreuzergefecht endete, erhöhte die 36. Z-Division ihre Fahrt auf 28 Knoten, um die „Scharnhorst“ zu verfolgen. „Virago“ hatte sechs Salven vor der Feuereinstellung um 12.47 h geschossen.

Als das Gefecht um 12.41 h endete, begann Verband 1 Fühlung zu halten und kam um 12.46 h an die 36. Z-Division heran, die noch immer versuchte, die „Scharnhorst“ einzuholen. Die Annäherung an die Zerstörer erfolgte an deren Backbordseite, wobei die Kreuzer in Dwarslinie fuhren, und zwar in der Folge von links nach rechts: „Belfast“, „Sheffield“, „Norfolk“. Die 36. Division nahm an Steuerbord voraus von der „Norfolk“ in einer Seemeile Abstand Aufstellung. Der Verband marschierte mit Generalkurs 110° mit 28 Knoten. Um 12.50 h hatte die Entfernung auf 12250 Meter zugenommen, und der Schlachtkreuzer peilte 138° rw.

DIE VERFOLGUNG

Um 13.00 h war es klar, daß das zweite Gefecht zu Ende war, die „Scharnhorst“ ablief und von Verband 1 verfolgt wurde. Nachdem die unmittelbare Gefahr vorüber war, befahl Capt. McCoy den Flotten-Zerstörern des JW 55B, wieder ihre Stationen in der Uboot-Sicherung rund um den Konvoi einzunehmen.

Um 13.06 h wurde die Meldung des Aufklärungsflugzeugs, das den Verband 2 am Morgen beschattet hatte, vom Fliegerführer Lofoten an Konteradmiral Bey weitergegeben; aber in dem Spruch fehlte jede Erwähnung des großen

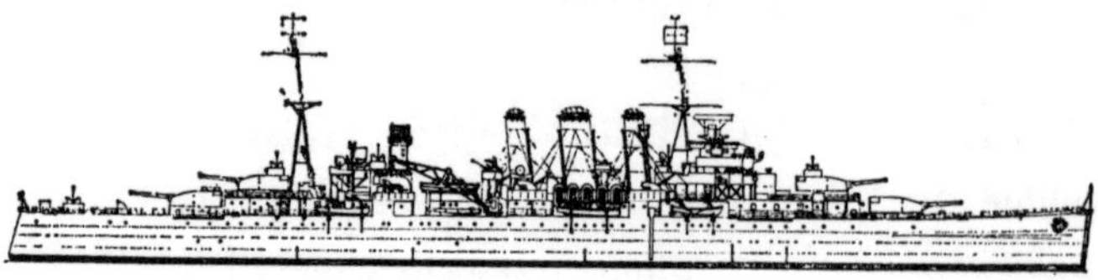

H. M. S. „Norfolk“

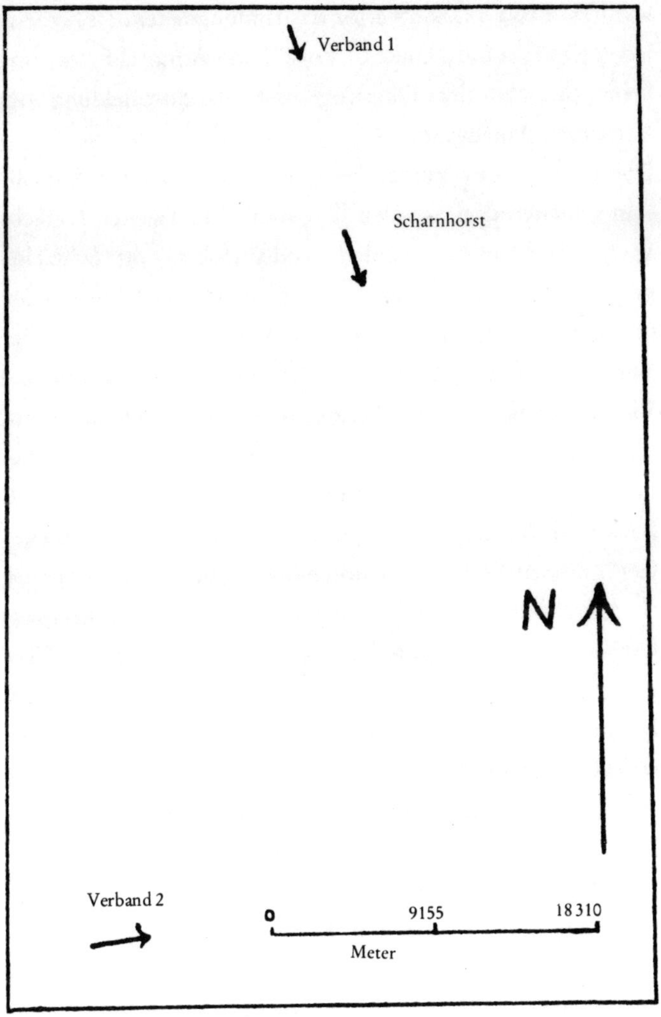

Skizze 8: Die Lage um 16.17 h

Schiffes. Etwa 14.00 h verlor das fühlunghaltende Flugzeug jeden Kontakt mit „Duke of York", und Admiral Fraser fing keine Sprüche des Flugzeugs mit Standortmeldung des Verbandes 2 mehr auf.
Die Kreuzer des Verbandes 1, mit 1500 Meter Schiffsabstand, hielten drei Stunden lang nach dem zweiten Gefecht an der „Scharnhorst" Fühlung und verfolgten den Schlachtkreuzer mittels Radar mit einem Abstand von 7,5 Seemeilen (eben außerhalb der Sichtweite von 7 Seemeilen). Der Verband hielt geschlossene Formation, um nicht durch eine Vielzahl Echos auf dem Radarschirm Verwirrung zu stiften, und folgte den Bewegungen der „Scharnhorst" nach Süden und Südosten durch mehrere 10°-Schwenkungen nach Backbord. Aufgrund dieser Bewegungen stand die „Musketeer", die seit 14.18 h 32 Knoten lief, schließlich achterlicher als querab von „Norfolk", dem Steuerbord-Flügel-Kreuzer. Direkt gegen den hohen Seegang steuernd nahmen die Zerstörer oft große Wassermengen von Steuerbord vorn über. Die deutschen Zerstörer der 4. Z-Flottille hatten auf den am weitesten nördlich stehenden Zerstörer „Z 38" gesammelt und steuerten nun westliche Kurse auf der Suche nach dem Konvoi, wobei sie etwa 8 Seemeilen südlich von ihm um 13.00 h passierten. Um 14.18 h erhielt Kapt. z. S. Johannesson einen Funkspruch von Konteradmiral Bey, der ihm befahl, die Operation abzubrechen. Kapt. z. S. Johannesson bezweifelte den Befehl, erhielt aber um 14.20 h Befehl zum Einlaufen und trat den Rückmarsch mit 12 Knoten Fahrt an. Konteradmiral Bey funkte dann um 15.25 h an die Gruppe Nord seine voraussichtliche Ankunftszeit im Stützpunkt.

Kapitel 3

Verband 2 ortet die „Scharnhorst“

26. BIS 28. DEZEMBER 1943

Admiral Fraser wußte nun, daß er, wenn „Scharnhorst“ Kurs und Fahrt beibehielt, in das Gefecht ungefähr um 17.15 h eingreifen würde, natürlich nur, wenn nicht etwas Unvorhergesehenes eintreten sollte, beispielsweise, daß Verband 1 den Radar-Kontakt mit dem Schlachtkreuzer verlor.

Die „Norfolk“ war um 16.03 h gezwungen, Fahrt zu vermindern, um einen Brand in einem Seitenbunker zu bekämpfen, und sieben Minuten später setzte die „Sheffield“ ihre Fahrt auf 8 Knoten herab und meldete, daß ihr backbord-inneres Wellenlager ausgelaufen sei. Um zu verhüten, daß die daraus entstehenden übermäßigen Schwingungen auch die anderen Wellen beschädigten, mußte die Geschwindigkeit vermindert und die beschädigte Welle festgesetzt werden. Als die „Sheffield“ achteraus sackte, ging die 36. Z-Division in Kiellinie an die Steuerbordseite der „Belfast“.

Inzwischen wurde der Konvoi weiterhin von Ubooten

beschattet, die stündlich seinen Standort meldeten. Um 16.00 h änderte er Kurs auf 105°, etwa zur selben Zeit, als „Scharnhorst“ auf Südkurs ging. Bald nach dieser Kursänderung wurde der Schlachtkreuzer vom Radar-Gerät 273 der „Duke of York“ in einer Entfernung von 42000 Meter erfaßt. Es war 16.17 h, und die „Scharnhorst“, die um einen Generalkurs von 160° zickzackte, lag in Peilung 020° von der „Duke of York“. Die gegnerischen Streitkräfte kamen sich schnell näher, wobei das noch klare achtere Funkmeß-Gerät der „Scharnhorst“ den Verband 2 nicht erfaßte. Nicht lange, nachdem der deutsche Schlachtkreuzer auf dem Radarschirm erschienen war, wurde auch der an „Scharnhorst“ fühlunghaltende Verband 1 erfaßt.

Um 16.20 h erzielte „Musketeer“, der die 36. Z-Division mit 30 Knoten führte, einen Radarkontakt auf 13700 Meter in Peilung 196°. Der Kurs des Zieles konvergierte leicht mit dem der Zerstörer, die Kurs und Fahrt beibehielten, um nicht gegenüber Verband 1 zurückzufallen. Das Schiff kam auf eine Entfernung von 2700 Meter in Sicht und wurde als Handelsschiff „Ocean Etapy“ identifiziert, als es auf 1400 Meter herangekommen war. Der Frachter steuerte einen östlichen Kurs, und „Opportune“ und „Virago“ mußten leicht Kurs ändern, um ihm auszuweichen.

Der „Sheffield“ war es um 16.21 h gelungen, ihre beschädigte Welle festzusetzen, und sie ging auf eine Höchstfahrt von 23 Knoten hinauf. Jedoch die „Belfast“ stand jetzt 4,5 Seemeilen voraus mit stetiger Fahrt von 27 Knoten, und alles, was die „Sheffield“ tun konnte, war, mit ihrer höchsten Fahrt zu folgen. Um 16.25 h hatte „Norfolk“ einen Radar-

kontakt in 4,5 Seemeilen Entfernung, Peilung 212°. Dieses Echo stellte sich bald als das bereits vorher von der 36. Z-Division identifizierte Handelsschiff heraus.
„Duke of York“ kam nun langsam näher an die „Scharnhorst“ heran, und um 16.32 h erfaßte das Feuerleit-Radar 284 auf dem Schlachtschiff das Ziel in 27200 Meter Entfernung. Das geschah gerade in dem Augenblick, als der Kommandant der „Savage“ den Zerstörern befahl, zu ihren Rottenführern aufzuschließen, die „Savage“ und „Saumarez“ an Backbord voraus der „Duke of York“ und „Scorpion“ und „Stord“ an Steuerbord voraus (siehe Skizze 9). Eine Minute später, um 16.33 h, erfaßte das Radar-Gerät 272 der „Jamaica“ auf 25000 Meter Entfernung die „Scharnhorst“. Die Zerstörer erhielten dann um 16.38 h einen Befehl vom Flaggschiff, sich für einen Torpedo-Angriff auf das Ziel auf Signal von der „Duke of York“ zu formieren. Die „Scharnhorst“ stand jetzt 13 Seemeilen ab von den Zerstörern in Peilung 020° und um 16.40 h 17600 Meter vom Verband 1 in Peilung 162°.
Die „Belfast“, der einzige Kreuzer vom Verband 1, der jetzt in der Lage war, sich am Gefecht zu beteiligen, erhielt um 16.40 h von Admiral Fraser den Befehl, sich zum Beleuchten der „Scharnhorst“ mit Leuchtgranaten klarzuhalten. „Belfast“ tat dies und ging auf Höchstfahrt.
Rund um den Konvoi JW 55B hielten die Uboote noch Fühlung und meldeten stündlich seinen Standort. Die HF/DF-Peilungen hatten die Position eines Uboots 16.13 h und nochmals 16.42 h bestimmt, und „Haida“ und „Huron“ erhielten Befehl, die letztere zu untersuchen.

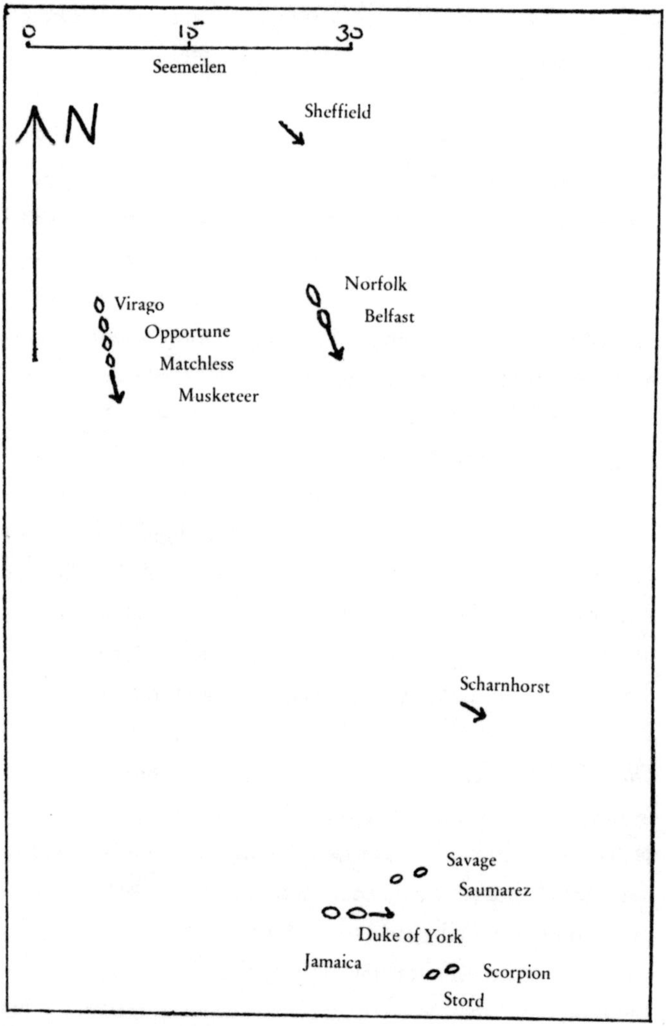

Skizze 9: Die Lage um 16.50 h

Die Falle für „Scharnhorst“ war nun fast geschlossen. Das Schiff änderte Kurs nach Backbord, und um 16.44 h ging Verband 2 auf einen Kurs von 080°, so daß jetzt der Gegner in den Bestreichungswinkeln aller Türme der „Duke of York“ lag. Der Schlachtkreuzer stand nunmehr zwischen den Verbänden 1 und 2, und um 16.47 h schoß „Belfast“ Leuchtgranaten, um das Ziel zu beleuchten. Das schlug wegen der ungenügenden Reichweite der Leuchtgranaten abermals fehl, und so feuerte „Duke of York“ eine Minute später eine Leuchtgranate aus einer ihrer 13,3-cm-Kanonen. Diesmal gelang es, das Ziel zu beleuchten, und als das Schlachtschiff um 16.50 h auf 11000 Meter das Feuer eröffnete, gab Admiral Fraser zugleich eine Sichtmeldung ab.

DIE ERSTE PHASE DES SCHLACHTSCHIFFGEFECHTES (16.50 h – 17.27 h)

Die Beleuchtung durch die Leuchtgranate vom Bb-13,3-cm-Geschütz der „Duke of York“ war für die Besatzung der „Scharnhorst“ das erste Zeichen dafür, daß irgendwelche schweren Einheiten in der Nähe standen. Ihr achteres Radar hatte den Verband 2 nicht geortet, und sie wurde völlig überrascht mit den Türmen in Mittschiffsstellung. Als sie vom Feuer des Schlachtschiffs erreicht wurde, änderte „Scharnhorst“ den Kurs nach Norden, um 16.55 h, worauf Verband 1 seinen Kurs auf 080° berichtigte und die 36. Z-Division unter Fahrtvermehrung auf 32 Knoten die „Norfolk“ in einer halben Seemeile Abstand an Backbord überholte. Zugleich ging „Duke of York“ auf 060°, um eventuell auf sie geschossene Torpedos auszumanövrieren. „Jamaica“ eröffnete um 16.52 h das Feuer auf 12000 Meter, und ihre dritte Breitseite deckte den Schlachtkreuzer ein und verursachte einen Treffer. Auch die erste Breitseite der „Duke of York“ lag deckend bei der „Scharnhorst“, ein Geschoß schlug neben Turm Anton ins Steuerbord-Vorschiff ein und setzte den Turm außer Gefecht. Die entstehenden Brände schlugen durch in Turm Bruno, und die Kartuschkammer wurde teilweise geflutet, um ein Zünden der Munition und eine Explosion im Schiff zu verhindern. Turm Anton war nun mit erhöhten Rohren in Feuerstellung festgefahren. Eine Minute später landete eine andere Granate auf der Schanze nahe Turm Caesar, beschädigte die Aufbauten stark, zerstörte die Bordflugzeuge und ihren Schuppen, und die Granatsplitter töteten viele der Flak-Bedienungsmannschaften, deren Überlebende von Kpt. z. S. Hintze Befehl erhielten, in Deckung zu gehen. Um diese Zeit waren die Brände in den Türmen Anton und Bruno gelöscht und die Kartuschkammer wieder gelenzt.

Dank der überlegenen Geschwindigkeit der „Scharnhorst“ nahm die Gefechtsentfernung langsam zu. Als „Jamaica“ das Feuer eröffnete, wurde „Scharnhorst“ von „Savage“ gesichtet, die eine Meldung absetzte und südlich vom Schlachtkreuzer Aufstellung nahm. Die Leuchtgranaten der „Duke of York“ beleuchteten nun „Savage“ ebenso wie „Scharnhorst“, so daß erstere ein gutes Ziel bot, das der Schlachtkreuzer sofort unter Feuer nahm. Seine Granaten lagen 20 bis 30 Meter kurz bei dem Zerstörer.

Um 16.57 h eröffnete Verband 1 das Feuer auf „Scharnhorst", wobei „Belfast" eine und „Norfolk" zwei Breitseiten schoß. Dann holte „Belfast" um 16.58 h herum auf Kurs 040° und machte sich klar zum Torpedoschießen auf das Ziel. „Norfolk" schor um 17.00 h ein, aber „Sheffield" stand noch ein ganzes Stück achteraus und versuchte, den Anschluß zu gewinnen und ins Gefecht einzugreifen. Zu diesem Zweck begann „Sheffield" einen mehr östlichen Kurs zu steuern. Um 17.08 h drehte „Scharnhorst" plötzlich auf Ostkurs, Peilung 111°, Entfernung 15600 Meter. „Belfast" und „Norfolk" folgten dieser Kursänderung des Ziels, indem sie alsbald Nord- und Nordost-Kurse steuerten, um es daran zu hindern, wieder auf Nordwestkurs in Richtung auf den Konvoi zu gehen. Der Schlachtkreuzer erwiderte das Feuer des Verbandes 1 mit zwei Salven, die nahe dem ursprünglichen Kurs der Kreuzer aufschlugen, gerade bevor er 17.12 h außer Reichweite lief. Verband 1 stellte in diesem Zeitpunkt das Feuer ein, nachdem „Belfast" fünf Salven aus den Türmen A und B und zwei volle Breitseiten radar-geleitet geschossen hatte.
Um 17.10 h hatte sich die Entfernung zwischen „Scharnhorst" und „Savage" soweit verringert, daß der Zerstörer nach Süden abdrehte, da er noch keine Befehle zum Torpedo-Angriff erhalten hatte. Drei Minuten später jedoch befahl Admiral Fraser den Zerstörern, an das Ziel sobald wie möglich heranzugehen und mit Torpedos anzugreifen. Das Ziel war jetzt stark durch Qualm verdeckt, und als nach der zehnten Breitseite eine Unterbrechung in der Zielbeleuchtung infolge Wechsels der Leuchtgranaten schießenden

Türme eintrat, ging Admiral Fraser zum Blindschießen über. „Scharnhorst" ging um 18.14 h auf einen mittleren Kurs von 110°, und zwei Minuten später folgte „Savage", indem sie auf 090° ging. Indessen erkannten die Zerstörer die Unmöglichkeit, die „Scharnhorst" auf über 17000 Meter anzugreifen, und sie setzten die Verfolgung von achteraus fort, wobei sie bis auf Höchstfahrt von 35 Knoten heraufgingen.
Nach dem Schußwechsel mit Verband 1 konzentrierte sich „Scharnhorst" auf die Erwiderung des Feuers von Verband 2, indem sie vorübergehend nach Süden drehte, um eine Breitseite zu schießen, und dann ihren östlichen Kurs fortsetzte bis zur nächsten Breitseite.
Die beiden Kreuzer vom Verband 1 liefen weiter auf NNO-Kurs bis 17.20 h, als sie zudrehten, um der „Scharnhorst" zu folgen, die immer noch ihren östlichen Kurs hielt. Zur selben Zeit gab „Musketeer" den Zerstörern der 36. Division Befehl zum Angriff auf den Schlachtkreuzer. Auf „Scharnhorst" sandte Konteradmiral Bey einen Funkspruch an Admiral Dönitz mit der Meldung, daß er von schweren Einheiten umstellt sei. Unmittelbar danach, um 17.26 h, erhielt Verband 1 von Admiral Fraser Befehl, Kurs auf 140° zu ändern und an den Verband 2 heranzuschließen. Eine Minute später gingen die Kreuzer auf ihren neuen südöstlichen Kurs, wobei die „Sheffield" noch achteraus auf Kurs 130° lag und „Scharnhorst" von ihr 126° peilte und einen nordöstlichen Kurs steuerte.

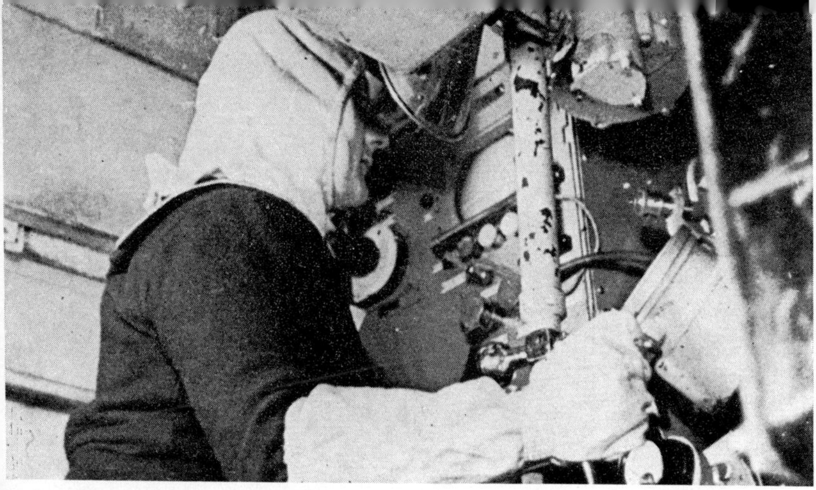

Radar-Gast: er gibt Entfernung und Seitenwinkel durch das Sprachrohr neben seinem Kopf.

(Imperial War Museum)

Rear-Admiral R. L. Burnett in seiner Kammer an Bord der „Belfast“.

Oben: Inneres eines 15,2-cm-Turms: die Bedienung – mit Atemgerät und Asbestkleidung – setzt eine Granate an.

Inneres eines 20,3-cm-Turms.

(Imperial War Museum)

Maschinenraum eines Kreuzers: Fahrstand und Maschinentelegraph.

Teil des Maschinenraums eines Kreuzers. (Imperial War Museum)

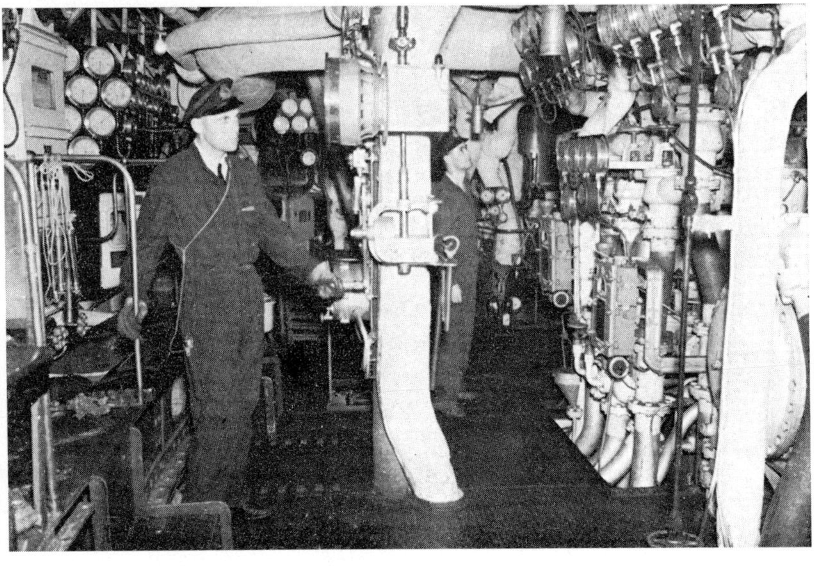

Der Turmführer eines 35,6-cm-Turmes auf Schlachtschiff „Duke of York“ antwortet durch das Sprachrohr, während er gleichzeitig den Aufzugs-Steuerhebel bedient.

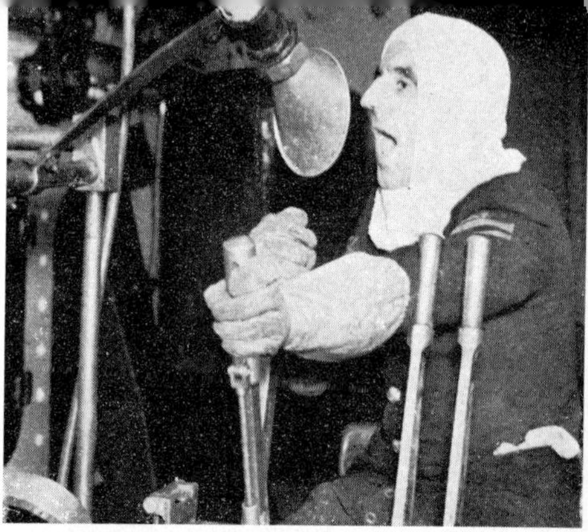

Ein 15,2-cm-Turm auf dem Leichten Kreuzer „Jamaica“.

Schlachtschiff „Duke of York“ schießt mit der 13,3-cm-Artillerie. (Imperial War Museum)

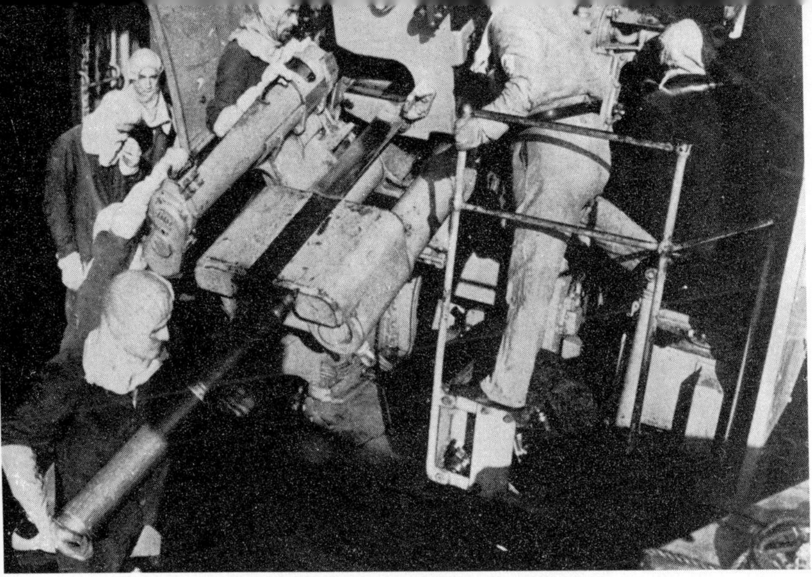

Eine 12-cm-Geschützbedienung auf einem Zerstörer. (Imperial War Museum)

Die Bedienung der Torpedo-Rohre auf Gefechtsstation auf dem Leichten Kreuzer „Jamaica“.
(1 J. S. White; 1 Imperial War Museum)

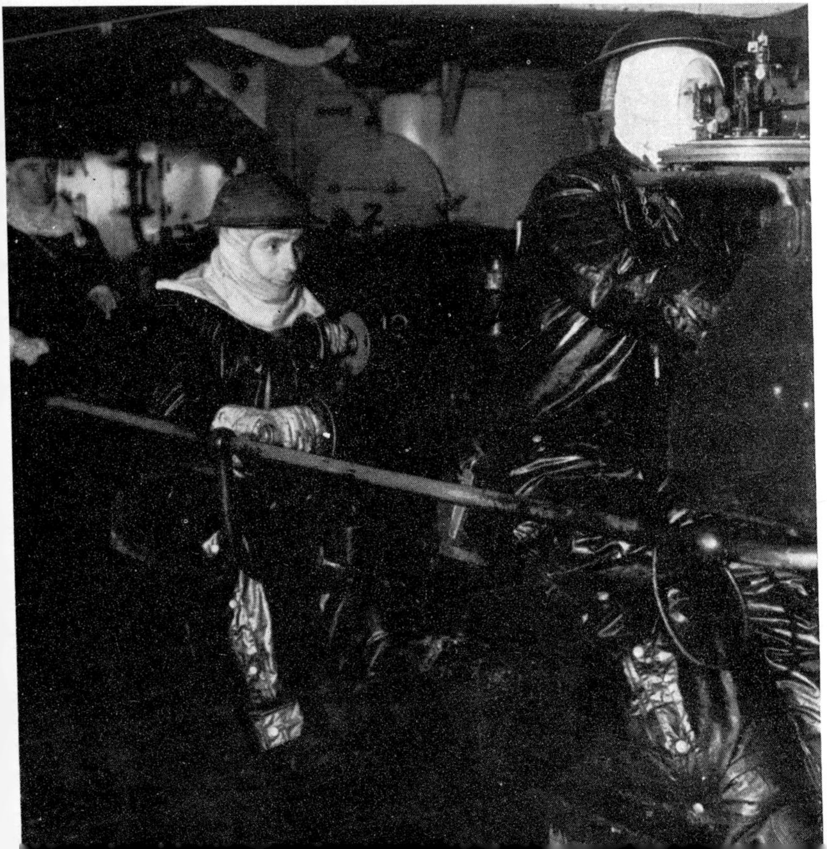

Schlachtschiff „Duke of York“ feuert mit seinen 35,6-cm-Geschützen.

(Imperial War Museum)

Norwegischer Zerstörer „Stord".

Lt-Cdr E. N. Walmsley (rechts), Kommandant des Zerstörers „Saumarez“ mit seinem I.O., Lt J. E. Dyer (Imperial War Museum)

Mitte: Der Artillerie-Leitstand auf Zerstörer „Saumarez“ mit dem Durchschuß der 28-cm-Granate von „Scharnhorst“.

Unten: Die Torpedo-Bedienung auf Kreuzer „Jamaica“.

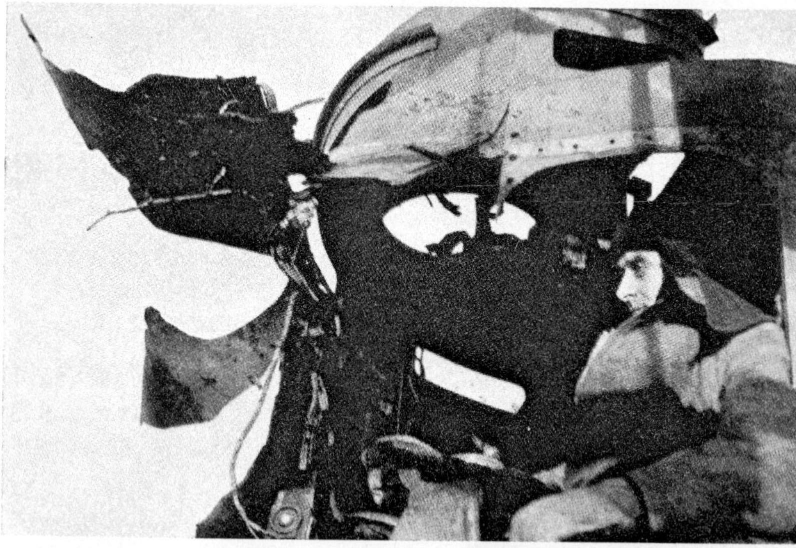

Verband 2 setzte die Verfolgung der „Scharnhorst“ nach Osten fort und schoß Breitseiten auf den Schlachtkreuzer, als seine höhere Geschwindigkeit nach und nach die Entfernung vergrößerte. Um 17.30 h stand Verband 2 im Südwesten des Ziels, bekämpfte es und folgte allen seinen Bewegungen, während die vier Zerstörer der „S“-Klasse weiterhin versuchten, in Angriffsposition zu gelangen. Sie standen aber noch immer weit achteraus von der „Scharnhorst“. „Savage“ und „Saumarez“ liefen von der Backbordseite her an, und die anderen beiden Zerstörer beabsichtigten, von der Steuerbordseite her anzugreifen, wobei alle Fahrzeuge Ausweichbewegungen machten, wenn sie vom Schlachtkreuzer beschossen wurden. In NNW kam die 36. Division auf Parallelkurs dem Ziel langsam näher bei dem Versuch, ihren Angriff zeitlich dem der Zerstörer vom Verband 2 anzugleichen. Noch weiter ab im Nordwesten steuerte Verband 1 südöstlichen Kurs, um an Verband 2 heranzuschließen, „Sheffield“ folgte noch weiter zurück.
Um 17.42 h hatte die Entfernung auf 16 500 Meter zugenommen, und „Jamaica“ stellte nun das Feuer ein, nachdem sie 19 Breitseiten auf das Ziel abgegeben hatte. Während des Gefechts war sie den Bewegungen der „Duke of York“ gefolgt und hatte sich in 950 Meter Abstand von ihr in Feuerluv oder Feuerlee achteraus gehalten. Sie vermied es, direkt im Kielwasser des Schlachtschiffs zu fahren, um die Möglichkeit auszuschalten, von Granaten der „Scharnhorst“ getroffen zu werden, deren Lage der Einschläge bei dem

Schlachtschiff jetzt erheblich genauer geworden war. Um volle Breitseiten schießen zu können, mußte der Turm Y der „Duke of York“ bis in die äußerste vordere Hartlage geschwenkt werden. (Nach dem Gefecht wurde festgestellt, daß die Mündungsgase den Weg durch die Lüfterschächte genommen hatten und die Offiziersmesse ausgebrannt sowie das Admirals-Motorboot zerstört hatten.) Um 17.56 h gab Admiral Fraser Befehl an Vice-Admiral Burnett, sich mit Verband 1 nördlich der „Scharnhorst“ zu halten, was er tat und die erforderliche Kursänderung vornahm.

Die Salven der „Duke of York“ waren gut gezielt. Nachdem auf „Scharnhorst“ Turm Anton ausgefallen war, kam die Reihe an Turm Bruno. Eine 35,6-cm-Granate durchschlug den Entlüftungsschacht des Turmes, das hatte zur Folge, daß sich nach jedem Feuern der Geschütze der Turm mit dichtem, erstickendem Pulverqualm füllte, so daß er bald nicht mehr zu bedienen war. Eine zweite Granate war ein direkter Treffer am Stb vorderen 15-cm-Geschütz, das zerstört wurde, und der zackige Splitter in die Munitionskammer jagte, wo die gesamte Bedienung getötet wurde. Ein weiteres Geschoß traf eben oberhalb der Wasserlinie und drang in Kesselraum I ein, wo es eine lebenswichtige Haupt-Dampfleitung zu den Turbinen durchschlug. Mit dem Dampfdruck praktisch auf Null, sank sofort die Geschwindigkeit des mächtigen Schiffes auf nur noch 10 Knoten ab. Das zerstörte Dampfrohr war jedoch bald durch den L. I., KKpt. (Ing) Otto König, abgeriegelt, und „Scharnhorst“ konnte wieder auf 22 Knoten gehen. Dieser letztgenannte Treffer erfolgte um 18.20 h, als die Entfernung

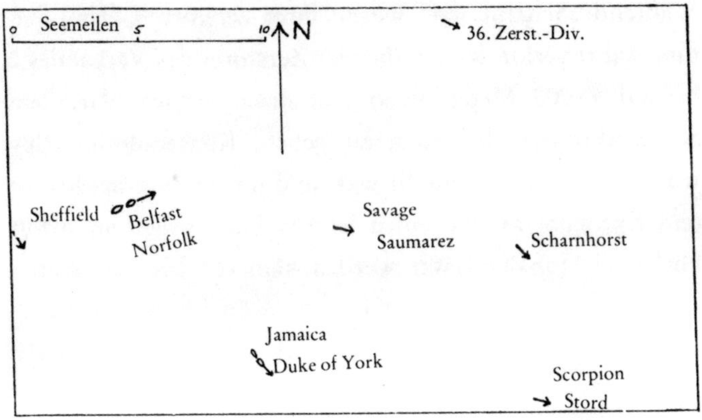

Skizze 10: Die Lage um 18.24 h

bereits wieder 18000 Meter betrug. Die „Scharnhorst" stellte dann das Feuer ein, gerade als Verband 2 auf Südostkurs drehte, in Richtung Norwegen, um ihr den Rückweg zu verlegen. Die „Scharnhorst" war nicht das einzige Schiff, das in dieser Gefechtsphase Schäden erlitt. Zwei 28-cm-Granaten einer ihrer Salven fegten durch die Masten der „Duke of York", rissen sämtliche Funkantennen ab und, was ernster war, die Leitungskabel von der Radarantenne zum Feuerleit-Radargerät 284. Lt. H. R. K. Bates, RNVR, enterte am Mast auf und brachte es fertig, die zerrissenen Kabel zu reparieren und so den Empfang des Radargeräts wiederherzustellen. Um diese Zeit herum begann die Feuerpräzision der 35,6-cm-Geschütze nachzulassen, als das Gieren des Schlachtschiffs über 4° eine Reihe von Störungen verursachte, und um 18.24 h stellte es bei 19600 Meter Entfernung das Feuer ein. Bis dahin hatte es 52 Breitseiten geschossen.

Während „Scharnhorst“ wegen ihrer zerstörten Dampfleitung Fahrt verlor, kamen die vier Zerstörer des Verbandes 2 bis auf 11000 Meter heran und machten sich klar, dem Schlachtkreuzer den Rest zu geben. Konteradmiral Bey wußte jetzt, daß er gestellt war, und um 18.24 h sandten er und Kpt. z. S. Hintze einen letzten Funkspruch an Adolf Hitler des Inhalts: „Wir werden kämpfen bis zur letzten Granate.“

DER ERSTE ZERSTÖRERANGRIFF (18.27 h bis 18.50 h)

Um 18.27 h gab „Savage“ an „Saumarez“, die 1400 Meter an Steuerbord achteraus von ihr stand, durch, daß die 1. Rotte der Zerstörer die „Scharnhorst“ von Westen her mit Torpedos angreifen würde.

„Scharnhorst“ änderte 18.29 h Kurs nach Süden, und Admiral Fraser, der die Fahrtverminderung des Schlachtkreuzers um 18.38 h feststellte, änderte sofort Kurs und ließ den Gegner direkt ansteuern, dem er schnell näher kam.

Die vier „S“-Klasse-Zerstörer näherten sich noch langsam dem Schlachtkreuzer und waren 18.40 h auf 9000 Meter heran, wobei „Savage“ und „Saumarez“ (1. Rotte) achteraus der „Scharnhorst“ und „Scorpion“ und „Stord“ (2. Rotte) an ihrer Steuerbordseite standen. „Scharnhorst“ bemerkte die herannahende 1. Rotte und eröffnete mit ihrer Mittel- und leichten Artillerie von 15-cm-, 10,5-cm-, 4-cm- und 2-cm-Waffen ein heftiges Feuer auf die beiden Boote. Aber das Feuer war schlecht geleitet, die Geschützbedienungen er-

hielten sich widersprechende Befehle infolge von Meinungsverschiedenheiten unter den Artillerie-Offizieren. Die beiden Zerstörer erlitten nur leichte Splitterschäden.
„Saumarez“ erwiderte das Feuer, als die Entfernung auf 6300 Meter gesunken war, und behauptete, mehrere Treffer mit den 46 Schuß aus ihren Geschützen A, B und X erzielt zu haben. (Das Geschütz Y kam nicht zum Tragen.)
Von Nordwesten anlaufend zogen „Savage“ und „Saumarez“ das Feuer des Schlachtkreuzers auf sich, während „Scorpion“ und „Stord“ unbemerkt von Südosten anliefen. „Scharnhorst“ peilte jetzt von „Savage“ 100°, Entfernung 4600 Meter. Das Ziel war von schwerem Qualm verdeckt, und die 1. Rotte erhielt um 18.51 h Befehl, ihre Torpedorohre nach Backbord zu richten. Als sie aus dem Qualm austraten, schoß „Savage“ mit Geschütz X Leuchtgranaten, um das Ziel zu beleuchten, dessen Kurswechsel nach Süden sofort erkannt wurde. Das war aber geschehen, um den soeben geschossenen Torpedos der 2. Rotte auszuweichen. Als die 2. Rotte nach Steuerbord abdrehte, schossen beide Zerstörer um 18.50 h volle Torpedofächer von je 8 Torpedos, „Scorpion“ auf 1900 Meter und „Stord“ auf 1600 Meter. Die Geschütze eröffneten ebenfalls das Feuer, wobei die „Scorpion“ drei Salven schoß und „Stord“ einige mehr. Es wurden ein paar Treffer in den achteren Aufbauten der „Scharnhorst“ beobachtet.
Nachdem diese nun die 2. Rotte gesichtet hatte, eröffnete sie das Feuer auf die beiden Zerstörer, traf sie jedoch nicht. Die Boote erwiderten das Feuer und erzielten mehrere Treffer in den Aufbauten des Schlachtkreuzers.

Inzwischen schwenkte die 1. Rotte sofort, als sie die Kursänderung des Ziels nach Süden bemerkte, ihre Torpedorohre nach Steuerbord und drehte um 18.55 h zum Schuß ab. „Scharnhorst“ erkannte jetzt, daß der Angriff der 1. Rotte der gefährlichere der beiden war (die 1. Rotte war viel näher herangekommen, während die Aufmerksamkeit des deutschen Schiffes durch die 2. Rotte abgelenkt war), und richtete ihre gesamte Artillerie auf die beiden Zerstörer. „Savage“ schoß einen vollen Torpedofächer auf 3200 Meter, aber „Saumarez“ vermochte um 18.56 h nur vier Torpedos auf 1600 Meter zu schießen. „Scharnhorst“ feuerte auf „Saumarez“ und erzielte mehrere 28-cm-Treffer; eine Granate ging durch den Zielgeber und eine andere unter dem E-Meßgerät hindurch, beide Geräte wurden außer Gefecht gesetzt. Glücklicherweise detonierten die Granaten nicht. Weitere Geschoße gingen neben dem Zerstörer ins Wasser, und die Splitter fegten über seine Decks und dezimierten die Torpedobedienungen an Oberdeck. Die Außenhaut wurde an vielen Stellen durchschlagen, aber die Löcher waren glücklicherweise über der Wasserlinie. Es blieben nur so viele Leute übrig, daß gerade ein Torpedo-Rohrsatz besetzt werden konnte; die anderen Rohre konnten nicht mehr geschwenkt werden wegen der Ausfälle unter der Bedienung und wegen des fragwürdigen Funktionierens, da sie überall durchlöchert waren. Eine Gefechtsstörung der Steuerbord-Maschine, ebenfalls durch Granatsplitter verursacht, verminderte die Geschwindigkeit der „Saumarez“ auf 10 Knoten nur mit der Backbord-Maschine. Insgesamt wurden 1 Offizier und 10 Mann getötet und 11 Mann verwundet.

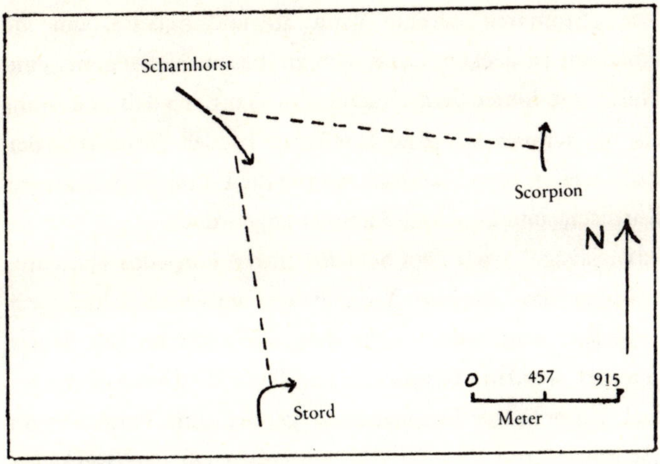

Skizze 11 A: Die Lage um 18.49 h

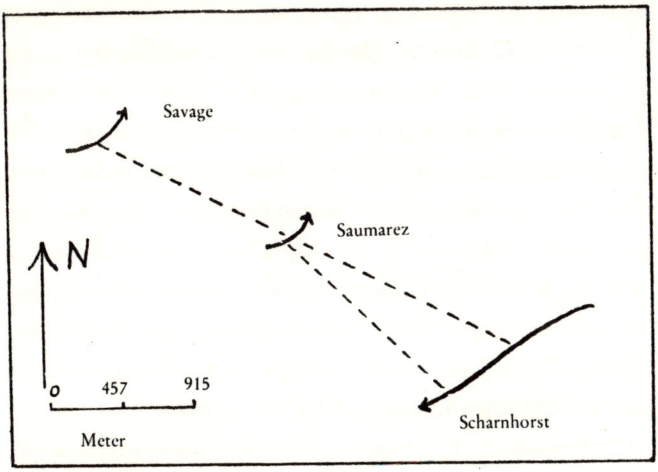

Skizze 11 B: Die Lage um 18.55 h

Die „Saumarez“ drehte dann ab und nebelte, um ihr Ablaufen zu decken. Zusätzlich zu diesem Nebel geriet eine Nebelboje hinter dem Geschütz in Gang, so daß es aussah, als ob achtern ein Brand wütete. In der Annahme, der Zerstörer stehe in Flammen, wurde die Flutung der achteren Kartusch- und Geschoß-Kammer angeordnet.

Als „Savage“ nach dem Schießen ihrer Torpedos abdrehte, eröffnete das Geschütz Y das Feuer, wobei ein Schuß nach Feuerleit, acht weitere mit dem Zielgerät an der Waffe gefeuert wurden. Gerade da wurden auf „Duke of York“ drei Unterwasser-Detonationen gehört. Ein Torpedo von „Scorpion“ traf die „Scharnhorst“ eben vor der Brücke an Backbord; ihm folgten kurz danach drei Torpedos von der 1. Rotte, die an der Steuerbordseite detonierten. Diese Treffer hatten eine verheerende Wirkung auf dem Schlachtkreuzer. Einer detonierte neben einem Kesselraum, beschädigte eine Welle und verminderte damit die Geschwindigkeit des Schiffes von 22 Knoten. Ein anderer traf das Schiff achtern und flutete eine Anzahl Abteilungen; und ein dritter Torpedo traf es am Bug. Diese Treffer besiegelten praktisch das Schicksal der „Scharnhorst“, da sie nun nicht mehr schneller als „Duke of York“ laufen konnte.

Nach dem Angriff liefen die Zerstörer nach Norden ab, während „Scharnhorst“ ihren südlichen Kurs beibehielt und ihre Geschwindigkeit allmählich abnahm.

In dem Augenblick, als die Zerstörer ihren Torpedoangriff durchgeführt hatten, schoß „Norfolk“ zwei Breitseiten auf den Schlachtkreuzer, stoppte dann aber ihr Feuer, als so viele Echos auf ihrem Radarschirm erschienen.

Verband 2 hatte sich der „Scharnhorst“ stetig genähert, während die Zerstörer ihre Torpedoangriffe durchführten. Jetzt, um 19.01 h, als das Radar 284 wieder klargemeldet wurde, eröffneten „Duke of York“ und „Jamaica“ auf 9500 Meter das Feuer. Es wurden fast sofort Treffer am Ziel beobachtet. Die erste Salve lag deckend am Schlachtkreuzer, die zweite durchschlug die Schanz und die Reste des Flugzeugschuppens und verursachte weitere Brände und Explosionen. „Scharnhorst“ richtete sogleich den einsatzfähig gebliebenen Rest ihrer Artillerie von den Zerstörern weg und auf Verband 2; die Entfernung hatte sich auf 7200 Meter verringert. Die restliche 28-cm-Munition der Türme Anton und Bruno wurde nach achtern geschafft, um in Turm Caesar verwendet zu werden, da Turm Bruno wegen der Pulvergase hatte aufgegeben werden müssen (siehe oben).

Um 19.07 h änderte Verband 1 Kurs auf 180°, um den Winkel zwischen Verband 1, Verband 2 und „Scharnhorst“ zu vergrößern, so daß Verband 1 Feuer eröffnen konnte, ohne Verband 2 zu gefährden. „Savage“ kehrte um 19.10 h zu „Duke of York“ zurück und schor achteraus vom Schlachtschiff in sein Kielwasser ein.

Um 19.11 h hatte die Geschwindigkeit der „Scharnhorst“ auf 10 Knoten abgenommen, und das Schiff hatte deutlich Steuerbordschlagseite. Um diese Zeit ging ein letzter Funkspruch von Admiral Dönitz ein, der Konteradmiral Bey informierte, daß Uboote und Zerstörer Befehl erhielten, mit äußerster Kraft zum Gefechtsfeld zu gehen.

Um 19.12 h erhielt Vice-Admiral Burnett Befehl, unterstützend ins Gefecht gegen „Scharnhorst" einzugreifen, und drei Minuten später eröffnete „Belfast" wieder das Feuer auf den Schlachtkreuzer auf 15500 Meter. Anscheinend erzielte sie mit ihrer dritten Breitseite zwei Treffer. Bald darauf schwieg Turm Caesar auf der „Scharnhorst", und es blieben nur noch ein oder zwei 15-cm-Geschütze zur Weiterführung des Gefechts.

DER TORPEDOANGRIFF DER KREUZER (19.17 h)

Verband 1 änderte 19.17 h Kurs nach Westen, nachdem die „Belfast" fünf Vollsalven ihrer 12 Rohre abgegeben hatte. Drei Minuten später änderte der Verband Kurs nach Süden. Es war inzwischen ein Funkspruch von Admiral Fraser eingegangen, der Vice-Admiral Burnett befahl, die „Scharnhorst" mit Torpedos zu versenken. „Belfast" ging dann auf Kurs 075° mit 25 Knoten bis auf 5700 Meter heran und schoß 19.26 h drei Torpedos aus den Stb-Rohren in Peilung 170°. Zu diesem Zeitpunkt schien das Ziel fast gestoppt zu liegen. Nach dem Einsatz der Stb-Rohre wendete „Belfast" nach Backbord, um auch die Bb-Rohre einzusetzen.
Inzwischen hatte auch „Jamaica" ihren Torpedoangriff ausgeführt. In Befolgung des Befehls hatte sie nach 22 Breitseiten das Feuer ihrer Hauptbatterie eingestellt und änderte Kurs, um unbemerkt auf den Schlachtkreuzer anzulaufen. Um 19.25 h drehte sie nach Steuerbord und schoß zwei Torpedos aus ihren Bb-Rohren, während das

dritte Rohr einen Versager hatte durch unvollständiges Schließen des Verschlusses. Die Entfernung betrug 3200 Meter, aber es wurden keine Treffer beobachtet, da die Geschwindigkeit der „Scharnhorst“ falsch geschätzt worden war. Das Radargerät 272 hatte jetzt eine Störung als Folge des Schießens der eigenen Waffen, aber als der Kreuzer wendete, um aus den Stb-Torpedorohren zu schießen, begannen sowohl die 15,2-cm- als auch die 10,2-cm-Geschütze zu feuern und schossen 36 Schuß 15,2-cm-Granaten auf Entfernungen zwischen 3200 und 4500 Meter. Viele Treffer wurden am Ziel beobachtet, das das Feuer mit allen noch einsatzfähigen Rohren erwiderte. Das Schießen war jedoch planlos, und die „Jamaica“ erlitt keinen Schaden.

Als „Jamaica“ die Schußposition für ihre Stb-Rohre erreichte, war das Ziel nicht zu erkennen, und so drehte der Kreuzer weiter, bis die „Scharnhorst“ 19.37 h wieder in Sicht kam und „Jamaica“ aus ihren drei Stb-Torpedorohren schoß. Der Schlachtkreuzer hatte um diese Zeit das Feuer eingestellt.

Nach dem Schießen ihrer Torpedos lief „Jamaica“ ab, um sich der „Duke of York“ wieder anzuschließen. „Belfast“ erreichte 19.35 h die gewünschte Schußposition zum Schießen aus ihren Bb-Torpedorohren, aber es herrschte ein derartiges Durcheinander von Schiffen rund um das Ziel – da die 36. Z-Division auf dem Gefechtsfeld eingetroffen war –, daß „Belfast“ über Steuerbord nach Süden drehte und zum Anlauf auf den Schlachtkreuzer auf Kurs 160° ansetzte, klar zum Schießen der restlichen Torpedos.

Während „Jamaica“ und „Belfast“ ihre Torpedoangriffe fuhren, stellte „Duke of York“ um 19.30 h das Feuer ein, um den Kreuzern die Annäherung ans Ziel zu ermöglichen. Die 36. Z-Division hatte nun auch das Gefechtsfeld erreicht, und um 19.33 h stand „Musketeer“ nur 900 Meter ab von der „Scharnhorst“. Um 19.30 h lief diese weniger als 5 Knoten, und ihr Kurs änderte sich erst nach Norden und dann nach Süden. Ihre Steuerbord-Schlagseite war so stark geworden, daß keines ihrer Geschütze mehr zum Tragen gebracht werden konnte, und so befahl Kpt. z. S. Hintze allen noch Lebenden „Alle Mann aus dem Schiff“.

Die 36. Division hatte die „Scharnhorst“ den ganzen Nachmittag über verfolgt. Cdr. Fisher auf „Musketeer“ hatte gehofft, seinen Torpedoangriff zeitlich mit dem der „S“-Klasse abstimmen zu können; aber es gelang ihm nicht, mit diesen Zerstörern Funkverbindung herzustellen. Die 36. Division war daher noch weit entfernt, als „Savage“ ihren Angriff fuhr; aber nach der Kursänderung der „Scharnhorst“ und ihrem Fahrtverlust nahm die Entfernung schnell ab, und die beiden Rotten kamen gerade im Zielraum an, als „Belfast“ und „Jamaica“ ihre Torpedoangriffe beendeten.

Von Norden anlaufend näherten sich die beiden Rotten der „Scharnhorst“ von achtern. Die 71. Halbdivision („Musketeer“ und „Matchless“) griffen die Backbordseite an, die 72. Halbdivision („Opportune“ und „Virago“) die Steuerbordseite. Jetzt machte das Ziel nur noch 3 Knoten Fahrt, die Stb-Reling war eingetaucht, der Bug war unter Wasser.

Auf 900 Meter herangehend schoß „Musketeer" um 19.33 h vier Torpedos nach Steuerbord und sah drei Explosionen am Ziel zwischen Schornstein und Großmast. Der abdrehenden „Musketeer" folgte die „Matchless" in die Schußposition. Aber sie konnte keine Torpedos lösen, da kurz zuvor ein mittschiffs überkommender schwerer Brecher das Schwenkwerk der Torpedorohre beschädigt hatte. Außerdem hatte eine zweite schwere See die Brücke getroffen und alle Verbindungen zu den Torpedorohren unterbrochen. Infolgedessen erreichte der Befehl, die Rohre nach Steuerbord zu schwenken, den Rohrmeister zu spät. „Matchless" holte deshalb herum, um das Ziel von Backbord voraus anzugreifen.

Die 72. Halbdivision griff zugleich mit der 71. an, aber von der Steuerbordseite. Auf 1900 Meter Entfernung schoß „Opportune" vier Torpedos um 19.31 h und einen zweiten Fächer auf 2300 Meter um 19.33 h. „Opportune", die je einen Treffer aus diesen Fächern beanspruchte, wurde gefolgt von „Virago", die aus 2600 Meter Entfernung um 19.34 h sieben Torpedos schoß und zwei davon als Treffer meldete. „Opportune" und „Virago" liefen dann nach Westen ab, und „Virago" eröffnete im Ablaufen Feuer auf das Ziel, stellte es aber nach 10 Schuß ein, als beobachtet wurde, daß „Scharnhorst" gestoppt lag und das Feuer nicht erwiderte.

Alles, was jetzt vom Ziel auszumachen war, war ein undeutlicher Feuerschein und das Geräusch gelegentlicher Explosionen. Eine dichte Rauchwolke umhüllte den Schlachtkreuzer, die weder Scheinwefer noch Leuchtgranaten durchdringen konnten. Etwa 19.45 h wurde eine gewaltige Explosion gehört und gefühlt, als die Munitionskammer des Schiffes in die Luft flog. Und als „Belfast“ um 19.48 h eintraf, um ihren zweiten Torpedoangriff durchzuführen, und beim Anlauf Leuchtgranaten schoß, war das Ziel verschwunden. „Matchless“, die gleichfalls einen Torpedoangriff fahren wollte, konnte auch die „Scharnhorst“ nicht mehr auffinden und schloß sich der „Scorpion“ bei der Rettung Überlebender an.
Die „Jamaica“ schloß nördlich des Zielraums an die „Duke of York“ heran, während die Zerstörer, „Belfast“ und „Norfolk“ das Gebiet bis 20.40 h nach Überlebenden absuchten. „Scorpion“ rettete 30 Besatzungsangehörige und war einmal in Sichtweite von Kommandant und I. O. der „Scharnhorst“. Kpt. z. S. Hintze war bereits tot, als sie ihn erreichten, und der I. O. – FKpt. Dominik –, obwohl noch imstande, eine zugeworfene Rettungsleine zu ergreifen, hatte nicht mehr die Kraft sich festzuhalten und starb, bevor er eingeholt werden konnte.
Eben nach 21.00 h stieß „Sheffield“ wieder zum Verband 1 und schor 21.11 h hinter „Norfolk“ in die Linie ein. Der ganze Verband nahm dann Kurs 340°, um die Sicherung des JW 55B wieder aufzunehmen, erhöhte um 22.35 h die Fahrt

auf 22 Knoten und änderte Kurs auf 135°. Nach dem Heranschließen an „Duke of York" erhielt „Jamaica" Befehl, sich dem Verband 1 anzuschließen; aber dieser Befehl wurde widerrufen, und sie ging alleinfahrend nach Kola.

Im Laufe des Morgens des 27. Dezember erreichte der Südwest-Wind Sturmstärke, und eben vor Tagesanbruch wurden um 08.50 h auf dem Radarschirm von Verband 1 Flugzeug-Echos geortet. Um 09.14 h beschoß „Belfast" ein nicht-identifiziertes Flugzeug. Vom SBNO-Nordrußland wurde per Funk Luftsicherung angefordert.

„Matchless" und „Musketeer" schlossen sich um 12.30 h Verband 1 an, und eine Stunde später kamen die Schiffe vor der Toros-Insel an und liefen in den Hafen ein, um in der Wajenga-Bucht vor Anker zu gehen.

„Savage" und „Scorpion" nahmen die beschädigte „Saumarez" am 26. Dezember um 21.15 h auf. „Saumarez" hatte nach Beendigung des Gefechts allmählich Fahrt erhöht, und ab 23.00 h steuerten die drei Zerstörer Kurs 090° mit 15 Knoten und kamen schließlich am 27. um 20.00 h in Kola an.

DER KONVOI KOMMT UNVERSEHRT AN, 26./28. DEZEMBER 1943

Während des Abends des 26. Dezember, als „Duke of York" mit „Scharnhorst" im Gefecht lag, setzten die Uboote ihr Fühlunghalten an JW 55B und Melden seiner Position fort. „Wrestler" wurde zur Suche nach einem dieser Uboote, das vor dem Konvoi Fühlung hielt, ausgesandt. Das war das

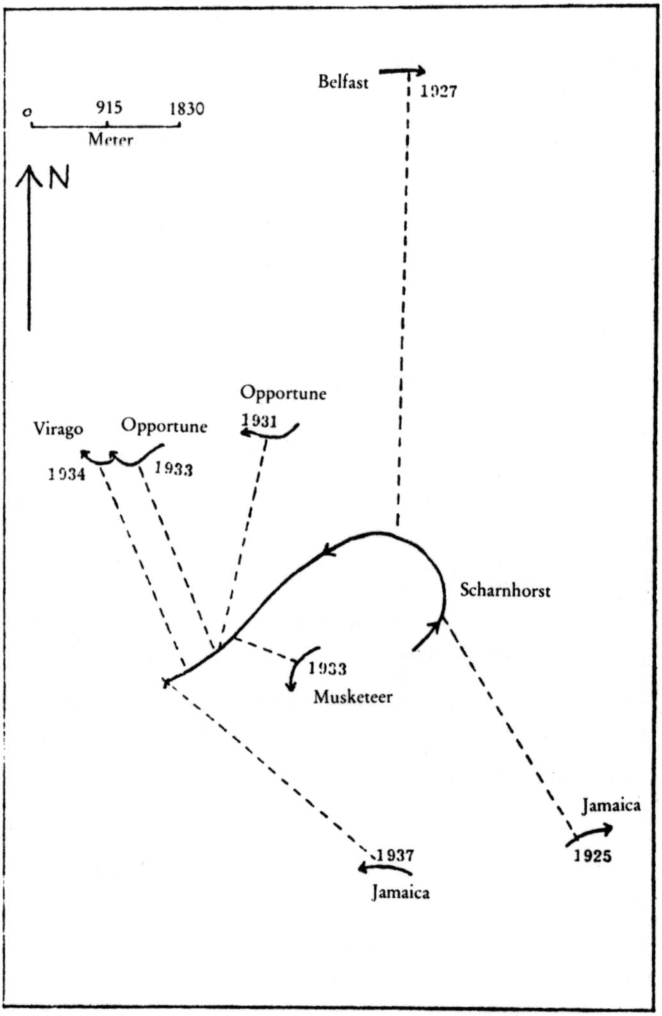

Skizze 12: Scharnhorst sinkt

Geschützbedienung auf Schlachtschiff „Duke of York". (Imperial War Museum)

Admiral Fraser mit einigen Kommandanten seiner Schiffe: (von links) Capt The Hon Guy Russell („Duke of York"), Cdr Lee Barber („Opportune"), Cdr E. L. Fisher („Musketeer"), Cdr Meyrick („Savage"), Adm Sir Bruce Fraser („Duke of York"), Capt J. Hughes Hallett („Jamaica"), Lt-Cdr E. N. Walmsley („Saumarez"), Lt-Cdr Clouston („Scorpion"), Lt-Cdr White („Virago") und Lt Shaw („Matchless").

Überlebende der „Scharnhorst“ gehen von einem Transporter an Land. (Imperial War Museum

Überlebende der „Scharnhorst“ auf „Duke of York“.

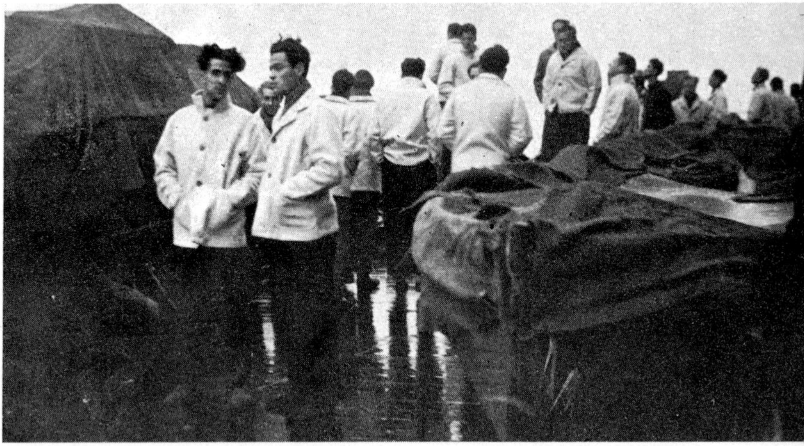

Ein verwundeter Überlebender der „Scharnhorst“ wird an ein Boot zum Transport an Land abgegeben. (Imperial War Museum)

Schlachtschiff „Duke of York" 1943 beim Ausdocken.

Die Radar-Aufstellung auf Zerstörer „Orwell". Im Vordergrund unten die Antennen-Anordnung des Feuerleit-Radargeräts 285.

Kreuzer „Belfast" im November 1943.

(1 Imperial War Museum; 1 Real Photos)

Kreuzer „Sheffield".

(Imperial War Museum)

Kreuzer „Jamaica“ 1943. (Real Photos

Zerstörer „Matchless“. (Imperial War Museum

Zerstörer „Opportune“.

Zerstörer „Savage“; beachte 11,4-cm-Zwillingslafette vorn, 11,4-cm-Einzellafetten achtern.

(Imperial War Museum)

Zerstörer „Scorpion“. (Cammell Laird)

Zerstörer „Virago“. (Imperial War Museum)

„Scharnhorst" im September 1939 nach Umbau mit neuem Vorsteven. (Katapult auf Turm Caesar wurde im Kriege entfernt.) (Archiv Schreier)

„Z 30“.

„Z 33“ in Norwegen.

Das auf einem Feuerleit-Radarschirm erscheinende Echobild. Das Ziel wird durch das umgekehrte V rechts auf der oberen Spur dargestellt. Der Radar-Gast hat das untere V damit in Deckung gebracht, und die Entfernung wird dadurch automatisch an die Geschütze übertragen. (Imperial War Museum)

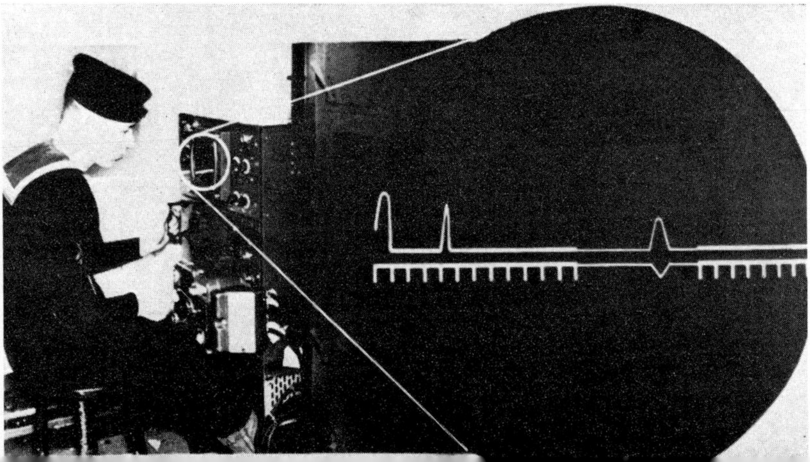

Die vorderen Geschütztürme der „Scharnhorst“. (Imperial War Museum)

dritte Uboot, das an diesem Tag mit Bestimmtheit geortet wurde, und „Wrestler“ suchte nach ihm in einem Abstand von 2 Seemeilen in Peilung 165°. Um 23.15 h ging „Onslow“ bis 10 Seemeilen Abstand in Peilung 155° auf Suche nach einem anderen Uboot, und weitere Funksignale wurden um 21.08 h aufgefangen, die von Ubooten achteraus vom Konvoi herrührten. Die „Iroquois“ wurde um 21.27 h auf die Suche nach einem Uboot geschickt, und zwar bis zu einer Entfernung von 8 Seemeilen. Die „Wrestler“ wurde abermals um 23.06 h abgeteilt, auf Peilung 285° bis zu einer Entfernung von 10 Seemeilen zu suchen, sechs Seemeilen querab vom Konvoi. Diese Suchaktionen erwiesen sich jedoch alle als fruchtlos.

Weitere Ortungen wurden in der Nacht erzielt, und später wurde „Scourge“ ausgesandt, um nach einem Kontakt zu suchen, der um 04.54 h geortet worden war. Auf der Suche bis zu einer Entfernung von sechs Seemeilen fand „Scourge“ nichts, und allmählich nahmen die HF/DF-Kontakte in dem Maße ab, in dem die Uboote den Befehlen nachkamen, sich zum Untergangsort der „Scharnhorst“ zu begeben. Um 10.00 h schien es, daß nur noch ein Uboot den Konvoi an Steuerbord achteraus beschattete.

Bei Tageslicht am 27. Dezember zeigte sich, daß zwei Schiffe den Anschluß an den Konvoi verloren hatten, als er während der Nacht Kurs änderte. Für den Rest dieses Tages pflügte JW 55B stetig seinen Weg durch einen Südwest-Sturm. Am folgenden Morgen, dem 28. Dezember, um 06.15 h erfaßten „Onslow“ und „Wrestler“ einen Radar-Kontakt drei Seemeilen an Steuerbord voraus vom Konvoi.

Dieser erwies sich als „Ocean Valour“, eins der beiden Schiffe, die in der Nacht des 26. abhanden gekommen waren. In den Morgenstunden des 28. Dezember wurde der Konvoi in drei Kolonnen umformiert, klar zum Einlaufen ins Weiße Meer. Drei Zerstörer – „Haida“, „Huron“ und „Iroquois“ – wurden um 12.00 h vorausgesandt, da sie nur noch sehr wenig Brennstoff in ihren Bunkern hatten.
Die örtliche Sicherung kam um 16.30 h in Sicht und trat um 17.50 h zum Konvoi. Die Schiffe kamen sicher am folgenden Morgen um 10.30 h an, und endlich auch der Nachzügler „Ocean Gypsy“. Damit hatte der Konvoi JW 55B seine Bestimmung erreicht.

H. M. S. „Savage“

Teil 2

Technische Angaben

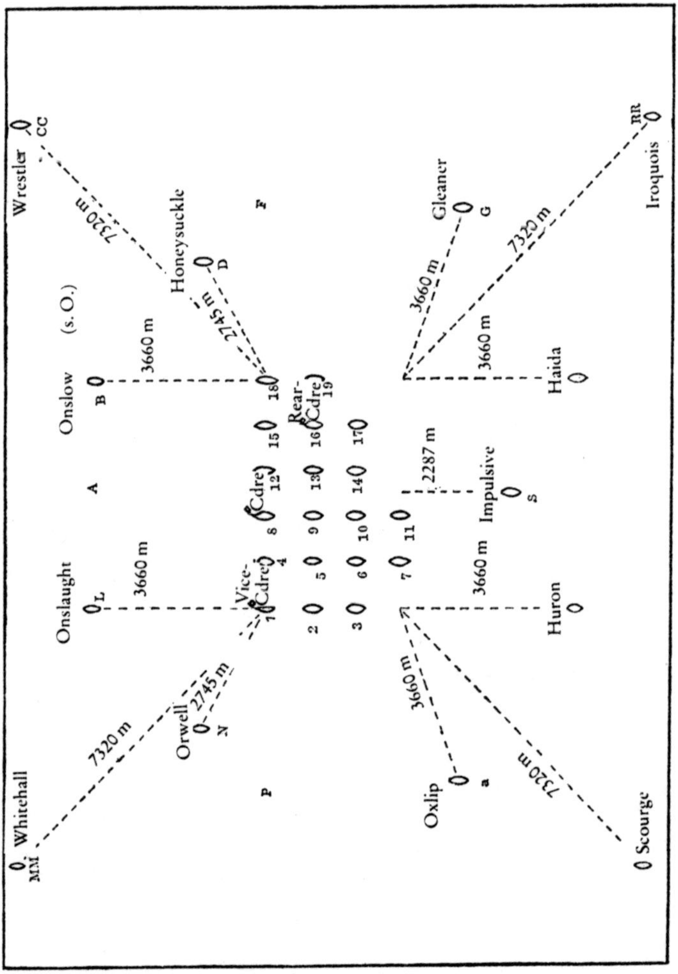

Skizze 13: Die Marschformation des Konvois JW 55 B

Die Positionen der Handelsschiffe

1. „Fort Nakasley“
2. „Ocean Valour“
3. „John J. Abel“
4. „Bernard N. Baker“
5. „Fort Vercheres“
6. „Cardinal Gibbons“
7. „John Wanamaker“
8. „Fort Kullyspell“
9. „Norlys“
10. „Brockholst Livingstone“
11. „John Vining“
12. „Thomas V. Walter“
13. „British Statesman“
14. „Ocean Messenger“
15. „Harold Winslow“
16. „Ocean Pride“
17. „Ocean Gypsy“
18. „Ocean Viceroy“
19. „Will Rogers“

Tabelle 1: Die Zusammensetzung der Konvois

Konvoi JW 55B

Schiff	Typ	Flagge	Eigner	BRT/NRT	Baujahr
„Bernard N. Baker“	FrD	USA	USWA	7200/4384	1943
„British Statesman“	TD	Brit	British Tanker Co	6991/4150	1923
„Brockholst Livingstone“	FrD	USA	USWA	7176/4380	1942
„Cardinal Gibbons“	FrD	USA	USWA	7191/4389	1942
„Fort Kullyspell“	FrD	Brit	MOWT (in Leerschiff-Charter) Eigner Kanad. Regierung, bereedert: Hall Bros	7190/4248	1943
„Fort Nakasley“	FrD	Brit	MOWT (in Leerschiff-Charter) Eigner J. & J. Denholm	7100/4200	1943
„Fort Vercheres“	FrD	Brit	MOWT (in Leerschiff-Charter) Eigner WSA, bereedert: Hain SS	7122/4259	1942
„Harold L. Winslow“	FrD	USA	USWA	7176/4380	1943
„Norlys“	TMS	Panama	Tanker Corporation	9613/6051	1936
„John J. Abel“	FrD	USA	USWA	7200/4384	1943
„John Vining“	FrD	USA	USWA	7191/4360	1942
„John Wanamaker“	FrD	USA	USWA	7176/4380	1943
„Ocean Gypsy“	FrD	Brit	MOWT, J. & C. Harrison	7178/4280	1942
„Ocean Messenger“	FrD	Brit	MOWT, Watts Watts & Co Ltd	7178/4280	1942

Schiff	Typ	Flagge	Eigner	BRT/NRT	Baujahr
„Ocean Pride“	FrD	Brit	MOWT, Sir W. R. Smith & Sons Ltd	7173/4278	1942
„Ocean Valour“	FrD	Brit	MOWT, W. A. Souter & Co Ltd	7174/4272	1942
„Ocean Viceroy“	FrD	Brit	MOWT, P. Henderson & Co	7174/4272	1942
„Thomas U. Walter“	FrD	USA	USWA	7176/4380	1943
„Will Rogers“	FrD	USA	USWA	7200/4384	1942

Konvoi RA 55A

Schiff	Typ	Flagge	Eigner	BRT/NRT	Baujahr
„Arthur L. Perry“	FrD	USA	USWA	7176/4380	1943
„Daniel Drake“	FrD	USA	USWA	7176/4380	1943
„Edmund Fanning“	FrD	USA	USWA	7176/4380	1943
„Empire Carpenter“	FrD	Brit	MOWT, Hain SS	7025/4857	1943
„Empire Celia“	FrD	Brit	MOWT, Connell & Grace Ltd	7025/4856	1943
„Empire Nigel“	FrD	Brit	MOWT	7067/4867	1943
„Fort McMurray“	FrD	Brit	MOWT (in Leerschiff-Charter) Eigner Morel Ltd	7133/4244	1942
„Fort Yukon“	FrD	Brit	MOWT (in Leerschiff-Charter) Eigner Kanadische Regierung, bereedert: Capper, Alexander & Co	7153/4240	1943

Schiff	Typ	Flagge	Eigner	BRT/NRT	Baujahr
„Gilbert Stuart“	FrD	USA	USWA	7176/4374	1943
„Henry Villard“	FrD	USA	USWA	7176/4374	1942
„James Smith“	FrD	USA	USWA	7181/4384	1942
„Junecrest“	FrD	Brit	Crest Shipping Co Ltd	6945/4159	1942
„Mijdrecht“	TMS	Holl	N. V. Maats	7493/4398	1931
„Ocean Strength“	FrD	Brit	MOWT, bereedert: J. & J. Denholm Ltd	7173/4278	1942
„Ocean Vanity“	FrD	Brit	MOWT, bereedert: Raeburn & Varel Ltd	7174/4272	1942
„Ocean Verity“	FrD	Brit	MOWT, bereedert: A. Holt & Co	7174/4272	1942
„Park Holland“	FrD	USA	USWA	7176/4380	1943
„Rathlin“	FrD	Brit	Clyde Shipping Co Ltd	1600/697	1936
„San Adolfo“	TMS	Brit	Eagle Oil & Shipping Co Ltd	7365/4376	1935
„Thomas Sim Lee“	FrD	USA	USWA	7191/4389	1942
„William L. Marcy“	FrD	USA	USWA	7176/4380	1942
„William Windom“	FrD	USA	USWA	7191/4380	1943

Abkürzungen:

FrD = Frachtdampfer
TMS = Tank-Motorschiff
TD = Tank-Dampfer
MOWT = Ministry of War Transport = Kriegs-Transportministerium (England)
USWA = U.S. War Shipping Administration = U.S. Kriegs-Schiffahrtsbehörde (USA)

Tabelle 2: Britische Seestreitkräfte

Geleitfahrzeuge für Konvoi JW 55B

Typ	Schiff	Kommandant	Unterstellung
Örtliche Sicherung			
Korvette	„Borage“		Kommando d. Westl.
Korvette	„Wallflower“		Zufahrtswege
Minensuchboot	„Hound“ (F)		18. Minensuch-Flottille
Minensuchboot	„Hydra“		„
Geleitsicherung (durchlaufend)			
Zerstörer	„Whitehall“	Lt-Cdr P. J. Cowell	Kommando d. Westl.
Zerstörer	„Wrestler“	Lt R. W. B. Lacon	Zufahrtswege
Korvette	„Honeysuckle“	Lt H. H. D. MacKilligan	„
Korvette	„Oxlip“	Lt-Cdr C. W. Leadbetter	„
Minensuchboot	„Gleaner“ (F)	Lt-Cdr F. J. S. Hewitt	„
Zerstörer-Sicherung			
Zerstörer	„Haida“, kan.	Cdr H. G. de Wolf	
Zerstörer	„Huron“, kan.	Lt-Cdr H. S. Rayner	

Typ	Schiff	Kommandant	Unterstellung
Zerstörer	„Impulsive“	Lt-Cdr P. Bekenn	
Zerstörer	„Iroquois“, kan.	Cdr J. C. Hibberd	
Zerstörer	„Onslaught“	Cdr W. H. Selby	
Zerstörer	„Onslow“ (F)	Capt J. A. McCoy (Kmdt D 17)	
Zerstörer	„Orwell“	Lt-Cdr J. A. Hodges	
Zerstörer	„Scourge“	Lt-Cdr G. L. M. Balfour	

Geleitfahrzeuge für Konvoi RA 55A

Geleitsicherung (durchlaufend)

Zerstörer	„Beagle“	Lt-Cdr N. R. Murch	Kommando d. Westl.
Zerstörer	„Westcott“	Cdr H. Lambton	Zufahrtswege
Korvette	„Andenes“, norw.		„
Korvette	„Dianella“	Temp Lt J. F. Tognola	„
Korvette	„Poppy“	Temp Lt D. R. C. Onslow	„
Minensuchboot	„Seagull“	Lt-Cdr R. W. Ellis	„

Typ	Schiff	Kommandant	Unterstellung
Zerstörer-Sicherung			
Zerstörer	„Ashanti“	Lt-Cdr J. R. Barnes	
Zerstörer	„Athabaskan“, kan.	Lt-Cdr J. H. Stubbs	
Zerstörer	„Matchless“	Lt W. S. Shaw	36. Zerstörer-Division
Zerstörer	„Meteor“	Lt-Cdr D. J. P. Jewitt	
Zerstörer	„Milne“ (F)	Capt. I. M. R. Campbell (Kmdt D)	
Zerstörer	„Musketeer“	Cdr R. L. Fisher	36. Zerstörer-Division
Zerstörer	„Opportune“	Cdr J. Lee-Barber	„
Zerstörer	„Virago“	Lt-Cdr A. J. R. White	„

Kreuzerverband für Konvois JW 55B und RA 55A

Verband 1			
L. Kreuzer	„Belfast“ (F)	Vice-Adm R. L. Burnett Capt F. R. Parham	10. Kreuzer-Geschwader
S. Kreuzer	„Norfolk“	Capt. D. K. Bain	„
L. Kreuzer	„Sheffield“	Capt C. T. Addis	„

Fernsicherung für Konvois JW 55B und RA 55A

Verband 2

Schlachtschiff	„Duke of York" (Flaggschiff)	Oberbefehlshaber d. Home Fleet, Adm Sir Bruce Fraser Capt the Hon G. H. E. Russell	Flottenflaggschiff der Home Fleet
L. Kreuzer	„Jamaica"	Capt J. Hughes-Hallett	
Zerstörer	„Saumarez"	Lt-Cdr E. W. Walmsley	
Zerstörer	„Savage"	Cdr M. D. G. Meyrick	
Zerstörer	„Scorpion"	Lt-Cdr W. S. Clouston	
Zerstörer	„Stord", norw.	Lt-Cdr S. Storeheill	

Abkürzungen:

(F) = Führerboot bzw. Flaggschiff

(engl.)	*(dtsch. Äquivalent)*
Adm	Admiral
Vice-Adm	Vizeadmiral
Capt	Kapitän z. S.
Cdr	Korvettenkapitän oder Fregattenkapitän
Lt-Cdr	Kapitänleutnant
Lt	Oberleutnant z. S.
Temp Lt	Oberleutnant (Sonderführer)

Tabelle 2a: Technische Angaben über die Schiffe

„Duke of York"

Deplacement:	38 000 ts Standard, 44 460 ts maximal
Antriebsanlage:	8 Admiralty-3-Trommel-Kessel; 4 Wellen; einfach untersetzte Getriebe-Turbinen, 125 000 WPS = 29,25 kn. Brennstoffvorrat 3842 ts Öl; Fahrstrecke 6300 sm/20 kn oder 3200 sm/27 kn.
Panzerschutz:	Gürtel: 140 mm (vorn), 381 mm (Mun.Kamn.), 356 mm (Masch.Bereich) 114 mm (achtern). Pz-Deck: 152 mm (Mun.Kamn.), 127 mm (Masch.Bereich). Türme: 381 mm (Seiten), 406 mm (Stirn), 229 mm (Decken); Barbetten: 406 mm für 35,6-cm-Türme, 152 mm für 13,3-cm-Türme. Kommandoturm: 406 mm.
Bewaffnung:	10–35,6 cm/45 S.K.(2×4+1×2), 16–13,3 cm/50 (8×2), 8–4,0 cm (2×4), 16–2,0 cm (8×2), 88–1,5 cm (8×8+6×4); 4 Supermarine-Walrus-Seeflugzeuge und 1 Katapult.
Besatzung:	1640.

Name	Bauwerft	Kiellegung	Stapellauf	Fertigstellung	Verbleib
„Duke of York" (ex-„Anson")	J. Brown	5. 5. 37	28. 2. 40	11. 41	Abgewrackt Faslane, 1958

„Norfolk"

Deplacement:	9925 ts Standard.
Antriebsanlage:	8 Admiralty-3-Trommel-Kessel; 4 Wellen; Parsons-Getriebe-Turbinen, 80 000 WPS = 32,25 kn. Brennstoff 3 200 ts Öl; Fahrstrecke 10 000 sm/14 kn.
Panzerschutz:	Pz-Deck: 102 mm. Türme: 51 mm (Stirn), 38 mm (Seiten). Kommandoturm: 76 mm.
Bewaffnung:	8–20,3 cm/50 S.K.(4×2), 8–10,2 cm/45 Flak.(4×2), 2–4,0 cm Flak.(1×2), 8–2,0 cm Flak.(8×1),

	16–1,5 cm(2×8); 8–53,3 cm T.R.(2×4);
	1 Supermarine-Walrus-Seeflugzeug und 1 Katapult.
Besatzung:	650.

Name	Bauwerft	Kiel-legung	Stapel-lauf	Fertig-stellung	Verbleib
„Norfolk“	Fairfield	7. 27	13. 12. 28	6. 30	Abgewrackt Newport, 1950

„Belfast“

Deplacement:	11 550 ts Standard.
Antriebsanlage:	4 Admiralty-3-Trommel-Kessel;
	4 Wellen; Parsons-Getriebe-Turbinen,
	80 000 WPS = 32 kn.
	Brennstoff 2260 ts Öl; Fahrstrecke 8000 sm/14 kn.
Panzerschutz:	Gürtel: 76 bis 127 mm, Pz-Deck: 51 mm, Türme:
	64 mm (Stirn), 25 mm (Seiten). Kommandoturm:
	102 mm.
Bewaffnung:	12–15,2 cm/50 S.K.(4×3), 12–10,2 cm/45 Flak.(6×2),
	4,0 cm Flak. 2,0 cm Flak.,
	16–1,5 cm(2×8); 6–53,3 cm T.R.(2×3);
	3 Supermarine-Walrus-Seeflugzeuge und 1 Katapult.
Besatzung:	850.

Name	Bauwerft	Kiel-legung	Stapel-lauf	Fertig-stellung	Verbleib
„Belfast“	Harland & Wolff	10. 12. 36	17. 3. 38	3. 8. 39	1969 zur Reserve, Verbleib noch nicht entschieden.

„Sheffield“

Deplacement:	9100 ts Standard, 12 400 ts maximal.

Antriebsanlage:	4 Admiralty-3-Trommel-Kessel; 4 Wellen; Parsons-Getriebe-Turbinen, 75 000 WPS = 32,25 kn. Brennstoff 1970 ts Öl; Fahrstrecke 7000 sm/14 kn.
Panzerschutz:	Gürtel: 76 bis 102 mm. Pz-Deck: 51 mm, Türme: 51 mm (Stirn), 25 mm (Seiten). Kommandoturm: 102 mm.
Bewaffnung:	12–15,2 cm/50 S.K.(4 × 3), 8–10,2 cm/45 Flak.(4 × 2), 20–4,0 cm Flamk.(6 × 2 + 8 × 1), 2,0 cm Flamk. 8–1,5 cm s.M.G.(2 × 4); 6–53,3 cm T.R.(2 × 3); Supermarine-Walrus-Seeflugzeuge und 1 Katapult.
Besatzung:	700.

Name	Bauwerft	Kiel-legung	Stapel-lauf	Fertig-stellung	Verbleib
„Sheffield"	Vickers-Arm-strong	31. 1. 35	23. 7. 36	25. 8. 37	Abgewrackt

„Jamaica"

Deplacement:	8000 ts Standard, 11 270 ts maximal.
Antriebsanlage:	4 Admiralty-3-Trommel-Kessel; 4 Wellen; Parsons-Getriebe-Turbinen, 72 500 WPS = 31,5 kn. Brennstoff 1620 ts Öl; Fahrstrecke 6000 sm/13 kn.
Panzerschutz:	Gürtel: 76 bis 115 mm. Pz-Deck: 51 mm. Türme: 51 mm. Kommandoturm: 102 mm.
Bewaffnung:	12–15,2 cm/50 S.K.(4 × 3), 8–10,2 cm/45 Flak.(4 × 2), 4–2,0 cm Flamk.(1 × 2 + 2 × 1), 8–1,5 cm s. M.G.(2 × 4); 6–53,3 cm T.R.(2 × 3); 3 Supermarine-Walrus-Seeflugzeuge und 1 Katapult.
Besatzung:	730.

Name	Bauwerft	Kiel-legung	Stapel-lauf	Fertig-stellung	Verbleib
„Jamaica"	Vickers-Arm-strong	28. 4. 39	16. 11. 40	29. 6. 42	Abgewrackt 1960–1962

„Matchless" und „Musketeer"

Deplacement:	1920 ts Standard, 2441 ts maximal.
Antriebsanlage:	2 Admiralty-3-Trommel-Kessel (20 atü bei 350 °C); 2 Wellen; einfach-untersetzte Parsons-Turbinen, 48 000 WPS = 36,5 kn. Brennstoff 567 ts Öl; Fahrstrecke 5500 sm/15 kn oder 2250 sm/25 t kn.
Bewaffnung:	6–12 cm/ . . S.K.(3×2), 10–2,0 cm Flamk.(4×2+2×1), 4–1,5 cm s.M.G.(1×4); 8–53,3 cm T.R.(2×4); 42 Wabos mit 2 Wabo-Kippen und 2 Wabo-Werfern.
Besatzung:	221.

Name	Bauwerft	Kiellegung	Stapellauf	Fertigstellung	Verbleib
„Matchless"	A. Stephen	14. 9. 40	4. 9. 41	26. 2. 42	1958 an Türkei
„Musketeer"	Fairfield	7. 12. 39	2. 12. 41	18. 9. 42	Abgewrackt Sunderland 1955

„Opportune"

Deplacement:	1540 ts Standard, 2220 ts maximal.
Antriebsanlage:	2 Admiralty-3-Trommel-Kessel (20 atü bei 332°C); 2 Wellen; einfach untersetzte Parsons-Turbinen, 40000 WPS = 32 kn. Brennstoff 480 ts Öl; Fahrstrecke 3850 sm/20 kn.
Bewaffnung:	4–10,2 cm/ . . S.K.(4×1), 8–2,0 cm Flamk.(8×1), 4–1,5 cm s.M.G.(1×4); 8–53,3 cm T.R.(2×4); 2 Wabo-Kippen und 2 Wabo-Werfer.
Besatzung:	175.

Name	Bauwerft	Kiellegung	Stapellauf	Fertigstellung	Verbleib
„Opportune"	Thornycroft	28. 3. 40	21. 1. 42	14. 8. 42	Abgewrackt Milford Haven, 1955

„Savage"

Deplacement:	1710 ts Standard, 2530 ts maximal.
Antriebsanlage:	2 Admiralty-3-Trommel-Kessel (20 atü bei 332 °C); 2 Wellen; einfach-untersetzte Parsons-Turbinen, 40000 WPS = 32 kn. Brennstoff 484 ts Öl; Fahrstrecke 5500 sm/15 kn oder 3700 sm/20 kn.
Bewaffnung:	4–11,4 cm(1×2+2×1), 12–2,0 cm Flamk.(6×2); 8–53,3 cm T.R.(2×4).
Besatzung:	180.

Name	Bauwerft	Kiellegung	Stapellauf	Fertigstellung	Verbleib
„Savage"	Hawthorne-Leslie	7. 12. 41	24. 9. 42	8. 6. 43	Abgewrackt Newport, 1962

„Scorpion", „Saumarez", „Stord"

Deplacement:	wie „Savage".
Antriebsanlage:	wie „Savage".
Bewaffnung:	4–12 cm/ . . S.K.(4×1), 4,0 cm Flamk. – „Saumarez" = 2 „Scorpion" = 4 „Stord" = 2, 2,0 cm Flamk. – „Saumarez" = 4 (4×1) „Scorpion" = 8 (8×1) „Stord" = 8 (8×1); 8–53,3 cm T.R.(2×4); 70 Wabos mit 2 Kippen und 4 Werfern.
Besatzung:	180 („Saumarez" 225).

Name	Bauwerft	Kiellegung	Stapellauf	Fertigstellung	Verbleib
„Saumarez"	Hawthorn-Leslie	8. 9. 41	20. 11. 42	1. 7. 43	Abgewrackt Charlestown, 1950

Name	Bauwerft	Kiel-legung	Stapel-lauf	Fertig-stellung	Verbleib
„Scorpion" (ex-„Sentinel")	Cammell Laird	19. 6. 41	26. 8. 42	11. 5. 43	1945 an Holland
„Stord" (ex-„Success")	J. S. White	25. 2. 42	3. 3. 43	6. 9. 43	Nach Fertigstellung an Norwegen. Abgewrackt 1959

„Virago"

Deplacement:	1710 ts Standard, 2530 ts maximal.
Antriebsanlage:	2 Admiralty-3-Trommel-Kessel (20 atü bei 332°C); 2 Wellen; einfach-untersetzte Parsons-Turbinen, 40000 WPS = 32 kn. Brennstoff 484 ts Öl; Fahrstrecke 5500 sm/15 kn oder 3700 sm/20 kn.
Bewaffnung:	4–12 cm/ . . S.K.(4×1), 2–4,0 cm Flamk.(1×2), 8–2,0 cm Flamk.(4×2); 8–53,3 cm T.R.(2×4); 70 Wabos mit 2 Kippen und 4 Werfern.
Besatzung:	180.

Name	Bauwerft	Kiel-legung	Stapel-lauf	Fertig-stellung	Verbleib
„Virago"	Swan Hunter	16. 2. 42	4. 2. 43	5. 11. 43	Umgebaut zur Uj-Fregatte,

Tabelle 3: Deutsche Seestreitkräfte

Typ	Schiff	Kommandant	Unterstellung
Kampfgruppe 1			
Schlachtkreuzer	„Scharnhorst“ (Flaggschiff)	Verbands-Befehlshaber Konteradmiral Erich A. Bey Kpt.z.S. Julius Hintze	
Zerstörer	„Z 29“ (F)	Kpt.z.S. Johannesson KKpt. v. Mutius	4. Zerstörer-Flottille
Zerstörer	„Z 30“	KKpt. Lampe	„
Zerstörer	„Z 33“	Kpt.z.S. Holtorf	„
Zerstörer	„Z 34“	KKpt. Hetz	„
Zerstörer	„Z 38“	KKpt. Brutzer	„
Küsten-Geleitsicherung für Kampfgruppe			
Minenräumboot	„R 56“	Olt.z.S. W. Maclot	5. Räumboot-Flottille
Minenräumboot	„R 58“	Lt.z.S. W. Hauss	„
Minenräumboot	„R 121“	. . . . .	„

Typ	Schiff	Kommandant	Unterstellung
Uboot-Gruppe			
Uboot	„U 277“	Olt.z.S. Lübsen	Gruppe Eisenbart
„	„U 314“	Kptlt. Basse	„
„	„U 354“	Kptlt. Herbschleb	„
„	„U 387“	Kptlt. Büchler	„
„	„U 601“	Olt.z.S. Hansen	„
„	„U 716“	Olt.z.S. Dunkelberg	„
„	„U 957“	. . . . .	„

Tabelle 3 a: Technische Angaben über die Schiffe

„Scharnhorst"

Deplacement:	31 800 ts Standard, 38 900 ts maximal.
Antriebsanlage:	12 Wagner-Kessel (8 à 45,5 atü und 4 à 50,7 atü bei 465 °C); 3 Wellen; B.B.C.-Getriebe-Turbinen, 160 000 WPS = 31,5 kn. Brennstoff 6300 t Öl; Fahrstrecke 10 000 sm/17 kn oder 8800 sm/19 kn.
Panzerschutz:	Krupp-Panzer. Gürtel: 125 mm (vorn), 330 mm (mitten), 75 mm (achtern). Oberes Pz-Deck: 50 mm, Haupt-Pz-Deck: 83 mm (Böschung), 105 mm (Krone). 28-cm-Türme: 100 mm (Rückwand), 250 mm (Seiten), 360 mm (Stirn); Barbetten: 355 mm; 15-cm-Türme: 150 mm; Kommandoturm: 355 mm.
Bewaffnung:	9–28 cm/45 S.K.(3 × 3), 12–15 cm/55 S.K.(4 × 2 + 4 × 1), 14–10,5 cm/65 Flak.(7 × 2) 16–3,7 cm Flamk.(8 × 2), 44–2,0 cm Flamk.(6 × 4 + 4 × 2 + 12 × 1); 6–53,3 cm T.R.(2 × 3); 4 Arado-196-Seeflugzeuge und 1 Katapult.
Besatzung:	1800.

Name	Bauwerft	Kiel-legung	Stapel-lauf	Fertig-stellung	Verbleib
„Scharn-horst"	Marine-werft Wilhelms-haven	1934	3. 10. 36	7. 1. 39	Versenkt durch brit. Streitkräfte, 26. 12. 43 beim Nordkap 72° 16' 28° 41'0.

„Z 29" und „Z 30"

Deplacement:	2603 ts Standard, 3597 ts maximal.
Antriebsanlage:	6 Wagner-Kessel (71,3 atü bei 465 °C); 2 Wellen; Wagner-Getriebe-Turbinen, 70 000 WPS = 38,5 kn. Brennstoff 825 t Öl; Fahrstrecke 5900 sm/19 kn.

Bewaffnung:	5–15 cm/48 S.K. (1×2+3×1), 6–3,7 cm Flamk. (2×2+2×3), 8–2,0 cm Flamk. (2×4); 8–53,3 cm T.R.(2×4); 60 Minen.
Besatzung:	321.

Name	Bauwerft	Kiel-legung	Stapel-lauf	Fertig-stellung	Verbleib
„Z 29"	Deschi-mag-AG Weser Bremen	1939	15. 10. 40	25. 6. 41	1945 an US-Marine, versenkt am Skagerrak, 16. 1. 1946
„Z 30"	Deschi-mag-AG Weser Bremen	1939	8. 12. 40	15. 11. 41	1945 an R.N. Spreng-versuche bis 1948

„Z 33", „Z 34" und „Z 38"

Deplacement:	2603 ts Standard, 3597 ts maximal.
Antriebsanlage:	6 Wagner-Kessel (71,3 atü bei 465 °C); 2 Wellen; Wagner-Getriebe-Turbinen, 70000 WPS = 38,5 kn. Brennstoff 825 t Öl; Fahrstrecke 5900 sm/19 kn.
Bewaffnung:	5–15 cm/48 S.K.(1×2+3×1), 6–3,7 cm Flamk.(2×2+2×1), 8–2,0 cm Flamk.(2×4); 8–53,3 cm T.R.(2×4); 60 Minen.
Besatzung:	320.

Name	Bauwerft	Kiel-legung	Stapel-lauf	Fertig-stellung	Verbleib
„Z 33"	Deschi-mag-AG Weser Bremen		15. 2. 42	6. 2. 43	1946 an S.U. Umbenannt „Provornij"

Name	Bauwerft	Kiel-legung	Stapel-lauf	Fertig-stellung	Verbleib
„Z 34“	Deschimag-AG Weser Bremen		5. 5. 42	5. 6. 43	1945 an US-Marine, versenkt i. d. Nordsee 26. 3. 1946
„Z 38“	Germania-Werft Kiel		5. 8. 41	20. 3. 43	1945 an R.N.; umbenannt „Nonsuch“ Abgewrackt 1949

„U 277“, „U 314“, „U 354“, „U 387“, „U 601“, „U 716“, „U 957“ – alle Typ VIIc

Deplacement: 769/871 t.

Antriebsanlage: Diesel-/E-Motore auf 2 Wellen, 2800/750 PS = 17/7,5 kn.
Treibstoff 114 t Öl; Fahrstrecke 6500 sm/12 kn Oberflächenfahrt, 80 sm/4 kn Tauchfahrt.

Bewaffnung: 1–8,8 cm, 1–3,7 cm Flamk., 2–2,0 cm Flamk. (2×1); 5–53,3 cm T.R. (4 Bug-, 1 Heck-, mit 14 Torpedos oder 14 Torpedominen).

Besatzung: 44.

Name	Bauwerft	Kiel-legung	Stapel-lauf	Fertig-stellung	Verbleib
„U 277“	Bremer Vulkan		7. 11. 42	21. 12. 42	Verloren 1. 5. 44
„U 314“	Flender, Lübeck		17. 4. 43	10. 6. 43 30. 1. 44	Verloren 30. 1. 44
„U 354“	Flensburg. Werft		6.1. 42	22. 2. 42	Flibo 25. 8. 44
„U 387“	Howaldt, Kiel		1. 10. 42	24. 11. 42	Verloren 9. 12. 44
„U 601“	Blohm & Voss		29. 10. 41	18. 12. 41	Flibo 25. 2. 44

Name	Bauwerft	Kiel-legung	Stapel-lauf	Fertig-stellung	Verbleib
„U 716“	Stülcken, Hbg.		15. 1. 43	15. 4. 43	Übergeben und versenkt
„U 957“	Blohm & Voss		21. 11. 42	7. 1. 43	Unfall 19. 10. 44

„R 56“, „R 58“, „R 121“

Deplacement: 125 t.
Antriebsanlage: 2 MAN-Dieselmotore; 2 Wellen; 1800 EPS = 21 kn. Treibstoff 10 t Öl; Fahrstrecke 1100 sm/15 kn.
Bewaffnung: 1–3,7 cm Flamk., –2,0 cm Flamk.
Besatzung: 35.

Name	Bauwerft	Kiel-legung	Stapel-lauf	Fertig-stellung	Verbleib
„R 56“	Abeking & Rasmussen, Lemwerder		28. 9. 40		Versenkt von brit. Artillerieschnellbooten vor Bommelenfjord, 8. 12. 44
„R 58“	Abeking & Rasmussen, Lemwerder		25. 10. 40		1946 an S.U.
„R 121“	Abeking & Rasmussen, Lemwerder		11. 3. 43		1946 an S.U.

Tabelle 4: Kommandogliederung der Kriegsmarine 1943

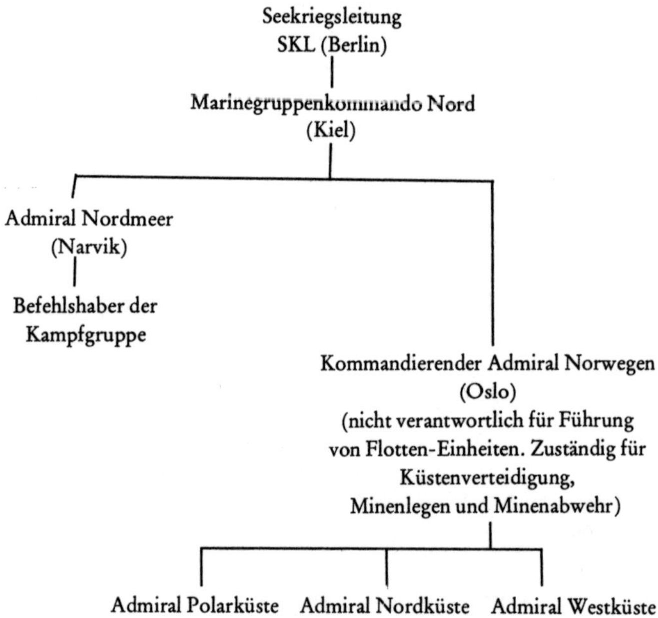

Tabelle 5: Schiffsgeschütze

Kaliber (cm)	Rohrlänge (Kal.)	Rohrerhöhung (°)	Feuergeschwindigkeit (Schuß/min)	Gesch. Gew. (kg)	Mündungsgeschwindigkeit (m/sec)	Reichweite (yds) (hm)
Britisch:						
35,6	45	+45 −. .	2	725	731	36000 / 330
20,3	50	+70 −3	6	116	915	29200 / 267
15,2	50	+35 −10	4–6	51	915	24800 / 227
13,3	50	+75 −10	18	37	800	22500 / 206
12,0	. .	+50	10	28		
12,0	. .	+55	10	23		
11,4	. .	+80 −. . (Doppellaf.) +55 −. . (Einzellaf.)		25		
10,2		+80		23		
10,2	45			14		

Kaliber (cm)	Rohr-länge (Kal.)	Rohr-erhöhung (°)	Feuerge-schwindigkeit (Schuß/min)	Gesch. Gew. (kg)	Mündungsge-schwindigkeit (m/sec)	Reichweite (yds) (hm)
4,0	43	+90 −10	120	1	700	2500 / 23
2,0						1000 / 9
1,5	40	+85 −5	200	0,9	610	6600 / 60
Deutsch:						
28,0	45	+45 −8	2–4	315	900	46590 / 426
15,0	55	+35 −..		45	875	12670 / 115
15,0	48	+47 −19		40	875	18590 / 175
10,5	65	+70 −8	20	15	900	11260 / 103
3,7	83		50		1000	7382 / 67,5
2,0					900	2406 / 22

Tabelle 6: Artillerieeinsatz

Schiff: *Duke of York* — Kal. (cm): 35,6

Gesamtzahl der im Gefecht geschossenen Vollsalven = 80

Turm u. Rohr-Nr.	Munition verfeuert	Salven ausgefallen (von insgesamt 80)
A–1	71	9
A–2	47	33
A–3	6	71
A–4	64	16
B–1	77	3
B–2	50	30
Y–1	33	17
Y–2	47	
Y–3	19	43
Y–4	32	19
Summe:	446	241

Schiff	Kal. (cm)	Munition verfeuert	
„Duke of York“	13,3	686	531 PSG 155 LG
„Jamaica“	15,2 10,2	461 6	
„Sheffield“	15,2	97	

Schiff	Kaliber (cm)	Munition verfeuert
„Belfast“	15,2	316
	10,2	77
„Norfolk“	20,3	161

Gesamt-Munitionsverbrauch:	35,6 cm = 446
	13,3 cm = 531 PSG + 155 LG
	20,3 cm = 161
	15,2 cm = 874
	10,2 cm = 83

Artillerieeinsatz der Zerstörer

Schiff	Kaliber (cm)	Munition verfeuert
„Saumarez“	12,0	48
„Savage“	11,4	16
„Scorpion“	12,0	
„Stord“	12,0	unbekannt
„Virago“	12,0	10
„Musketeer“	12,0	52

Anmerkungen zum britischen Artillerieeinsatz

An Bord des Flaggschiffes „Duke of York“ erwies es sich als notwendig, die Leuchtgranaten schießenden 13,3-cm-Türme zu wechseln, da die dritten Türme an Bb- und Stb-Seite ihren Munitionsvorrat dieses Typs verschossen hatten. Der Bestand an mündungsfeuerfreien Kartuschen in den 13,3-cm-Türmen war überdies begrenzt, und nach einiger Zeit mußten die Türme auf Munition mit Mündungsfeuer zurückgreifen. Das bot den Artilleristen der „Scharnhorst“ ein vorzügliches Ziel, und sie nutzten das auch voll aus. Es wurde festgestellt, daß, wenn die 13,3er Feuerpause machten, die Genauigkeit des Feuers der „Scharnhorst“ abnahm. Es wurde auch festgestellt, daß das Mündungsfeuer der 13,3er auch für die Bedienungen der 35,6-cm-Geschütze sehr störend war. Die vorderen Artillerie-Leitgeräte wurden zur Feuerleitung für die Sprenggranaten verschießenden 13,3-cm-Türme einge-

setzt, während die achteren Feuerleitgeräte die Leuchtgranaten schießenden Türme leiteten.
Die drei 15,2-cm-Kreuzer waren alle mit mündungsfeuerfreien Kartuschen ausgerüstet; aber die „Norfolk" hatte nur Munition mit Mündungsfeuer für ihre 20,3-cm-Geschütze. Dies erwies sich wieder als bedenklicher Nachteil, denn „Scharnhorst" konnte den Kreuzer mit verheerender Wirkung einmessen. Die Blendwirkung ihrer Mündungsfeuer zwang „Norfolk" zum Blindschießen mit ihren Geschützen, während „Belfast" und „Sheffield" zeitweise mit optischer Feuerleitung schossen und gelegentlich in der Lage waren, das Ziel ziemlich undeutlich auszumachen.
Die Zündereinstellung auf den Kreuzern des Verbandes 1 war ebenfalls unterschiedlich. Die schwereren 20,3-cm-Granaten der „Norfolk" waren mit Verzögerungszündern ausgestattet, da man annahm, sie könnten den Panzer der „Scharnhorst" durchschlagen. Die leichten 15,2-cm-Granaten von „Belfast" und „Sheffield" erhielten Aufschlagzünder, da man sich darüber klar war, daß sie den Panzer des Schlachtkreuzers nicht durchdringen konnten. Zudem war angenommen worden, daß sie aller Wahrscheinlichkeit nach gegen die deutschen Zerstörer verwendet würden. Auf ein derartiges Ziel konnten 15,2-cm-Granaten eine tödliche Wirkung haben.

Anmerkungen zum deutschen Artillerie- und Funkmeßeinsatz

Das achtere Funkmeßgerät der „Scharnhorst" war geringwertig im Vergleich zu den britischen Geräten und bei weitem nicht genau genug für ein Blindschießen der „Scharnhorst". Große Schwierigkeiten ergaben sich beim Versuch, die „Duke of York" zu orten, da das Auflösungsvermögen des Geräts sehr schlecht war. Der nahe Stand der „Jamaica" beim Flaggschiff ließ nur *ein* großes, verschwommenes Echo auf dem Radarschirm erscheinen. Außerdem hatte das Gerät nur eine sehr geringe Bündelungsbreite, so daß es notwendig war, das ganze Gerät zu drehen, um ein Bild des Horizontes zu erhalten. Die ankommenden Echos zeichneten sich als Vertikallinien auf dem Radarschirm ab, und von diesen wurde die Entfernung abgelesen. Das geringe Auflösungsvermögen jedoch bedeutete, daß alle derart gewonnenen Seitenwinkel nur auf 2° genau waren.
Trotz dieser Mängel ihres Funkmeßgerätes jedoch war das Schießen der „Scharnhorst" im großen und ganzen gut. Nach Überwindung ihrer ersten Überraschung, daß sie angegriffen wurde, antwortete die „Scharnhorst" mit schnellem Schießen ihrer schweren Türme, Feuerfolge von vorn nach achtern, und unter Verwendung von Aufschlagzünder-Granaten. Ihre E-Messung war genau, und die Salven wurden in regelmäßiger Folge abgegeben.

Tabelle 7: Torpedo-Angriffe

Schiff	Uhrzeit	Torpedos geschossen	Entfernung (Meter)	Bemerkungen
„Jamaica“	19.25	2	3200	Rohr C Versager infolge ungenügend verriegelten Verschlusses
	19.37	3	3400	2 Treffer
„Belfast“	19.27	3	5700	
„Matchless“		0		Kam nicht zum Schuß
„Musketeer“	19.33	4	900	3 Treffer
„Opportune“	19.31	4	1800	
	19.33	4	2300	
„Saumarez“	18.56	4	1600	
„Savage“	18.55	8	3200	3 Treffer
„Scorpion“	18.50	8	1900	1 Treffer
„Stord“	18.50	8	1600	
„Virago“	19.34	7	2600	2 Treffer
	Summe	55		11 Treffer

Tabelle 8: Anmerkungen zu Fernmeldeverbindungen und Radar auf den britischen Streitkräften

Die Funkverbindungen zwischen den Schiffen der britischen Verbände funktionierten unter sehr schlechten Bedingungen außerordentlich gut. Insgesamt wurden fünf verschiedene Frequenzen benutzt. Die Hauptfrequenz von 210 kHz wurde während der Angriffe auf „Scharnhorst" von allen Schiffen über kurze Entfernungen für Befehlsübermittlung, Sichtmeldungen und dringende Sprüche verwendet. Über größere Entfernungen und grundsätzlich zwischen Verband 1 und Verband 2 wurde mit einer Frequenz von 4740 kHz gefunkt. Zwei verschiedene Frequenzen wurden für Brücken-Sprechfunk im Konvoi und in den Verbänden 1 und 2 benutzt. Das war wiederum nur für Verkehr über kurze Entfernungen, und zwar arbeitete der Konvoi auf 2410 kHz und Verband 2 und später auch Verband 1 auf 4000 kHz. Verband 2 verwendete außerdem eine weitere Frequenz für das Melden fühlunghaltender Flugzeuge, nämlich 3000 kHz.

Wie der Funk war auch das Radar unschätzbar für die Versenkung der „Scharnhorst". In ein oder zwei Fällen jedoch traten Schwierigkeiten durch den Mündungsdruck der Geschütze auf, wo – gewöhnlich in einem kritischen Augenblick – der Kontakt mit dem Ziel verlorenging, da ein Teil der Radar-Verbindungen infolge der schweren Erschütterungen ausfiel.

Das wichtigste im Gebrauch befindliche Radargerät war das Rundsuch-Gerät Modell 273 (S/W = surface warning set = wörtlich: Seeziel-Warngerät). Verschiedene Arten dieses Modells waren auf den meisten Kriegsschiffen (vgl. Tabelle 8) eingebaut und erzielten vorzügliche Ergebnisse. Auf „Belfast" sank in einer Phase die Genauigkeit infolge der Erschütterungen des Geräts durch Mündungsdruck der Geschütze; aber der Schaden war schnell repariert, und das Gerät arbeitete weiterhin einwandfrei. „Sheffield" erlebte weit ernstere Probleme mit ihrem Gerät 273 QR, aber nicht vor 19.10 h, um welche Zeit sie bereits infolge Schraubenwellenschaden für das Gefecht ausgefallen war. „Norfolk" hatte das Pech, daß ihr Gerät durch Treffer einer 28-cm-Granate ausfiel.

Das Feuerleit-Radargerät Modell 284 wurde auf den größeren Schiffen für die Hauptartillerie verwendet. Dieses Gerät erwies sich im Gefecht als ziemlich störanfällig und arbeitete mit unterschiedlichen Ergebnissen. Das Gerät an Bord der „Duke of York" fiel durch Mündungsdruck um 18.35 h für 25 Minuten aus. An Bord der „Belfast" konnten von 12.30 h ab am Gerät 284 keine Werte abgelesen werden, da Interferenz auf der 4000-kHz-Frequenz vom Brücken-Sprechfunk der „Belfast" die Zielverfolgung auf dem Schirm stark beeinträchtigte. Auf „Sheffield" gab das Gerät 284 ausreichend genaue

Entfernungswerte; aber die Seitenwinkel-Werte waren infolge fehlerhafter Seitenschalter ungenau, und das Gerät war praktisch unbrauchbar. Auf „Norfolk" fügte der 28-cm-Treffer dem Radar schweren Schaden zu, indem er die Seitenwinkel-Fernanzeige-Röhre zerstörte. Glücklicherweise hatte das Schiff eine Reserve-Röhre an Bord und konnte das Gerät 284 für die späteren Gefechtsphasen wieder klarbekommen.

Außer mit diesen beiden Gerät-Typen waren „Duke of York" und „Jamaica" auch mit dem Luft-Rundsuch-Gerät Modell 281 (A/W = aircraft warning set = Luftziel-Warngerät) ausgerüstet. Neben seiner Eigenschaft als Seeziel-Bereitschaftsgerät arbeitete Gerät 281 in Verbindung mit Gerät 243, das zur Identifizierung von Flugzeug-Funkverkehr und zur Erkennung von Freund und Feind diente. Das 28-cm-Geschoß, das um 17.30 h durch den Vormast der „Duke of York" fegte, setzte die rotierende Antenne des Geräts 281 und damit auch das Gerät 243 außer Gefecht.

Das Rundsuch-Gerät auf „Jamaica" war vom Modell 272 PR und fiel ebenfalls durch Mündungsdruck der Geschütze um 19.23 h aus.

Auf den Zerstörern war das Rundsuch-Gerät vom Typ 271 und das Luftziel-Rundsuch-Gerät vom Typ 291. Das Gerät 291 arbeitete gut, außer auf „Opportune", wo es außer Gefecht gesetzt war. „Opportune" hatte kein Gerät 271 und mußte sich deshalb auf ihr Feuerleit-Radargerät 285 verlassen. „Virago" war der einzige Zerstörer, der mit dem neuen Rundsuch-Gerät 276 ausgerüstet war; aber dieses war gleichfalls ausgefallen, und „Virago" mußte sich auch mit Gerät 285 behelfen. Auf „Savage" und „Musketeer" waren die Rundsuch-Geräte Modell 271 achtern aufgestellt und hatten durch die Brücken tote Winkel, so daß es für die Zerstörer unmöglich war, voraus von ihnen stehende Ziele zu orten.

Tabelle 9: Personal-Verluste

Schiff	Gefallen		Verwundet	
	Offiziere	Mannschaften	Offiziere	Mannschaften
„Norfolk"	1	6	0	5
„Saumarez"	1	10	0	11
Brit. Gesamt:	2	16	0	16
„Scharnhorst"	1803		36 Kriegsgefangene	

Tabelle 10: Luftwaffenverbände in Nordnorwegen

Im Sommer 1943 waren fünf Aufklärungsverbände der deutschen Luftwaffe im nördlichen Norwegen stationiert, gestützt auf Drontheim, Tromsö, Stavanger und einen weiteren Flugplatz. Die Verbände waren alle mit der BV 138 ausgerüstet, obwohl diese später in einigen Fällen durch JU 290 oder He 177 ersetzt wurden. Die normale Stärke betrug zehn bis zwölf Flugzeuge je Verband, von denen oft nur sechs oder sieben einsatzbereit waren. Die Kopfstärke wechselte oft auch recht erheblich, wobei der Ersatz manchmal gerade von der Ausbildungseinheit in Kopenhagen kam. Bis zum Sommer 1943 waren die Verluste dieser Aufklärungsverbände verhältnismäßig gering gewesen. Als aber Geleit-Flugzeugträger und Katapultschiffe die arktischen Konvois zu begleiten begannen, stieg die Verlustkurve der ungepanzerten BV 138 steil an.

Die Verbände unterstanden dem Fliegerführer Nordwest und wurden nur für Aufklärungsaufgaben über See eingesetzt. Die Flüge waren oft sehr lang. Aber sobald sie Schiffsverkehr gesichtet hatten, sollten diese Verbände nicht Fühlung an den Konvois halten. Diese Aufgabe überließen sie, sobald sie den Konvoi gefunden hatten, den Ubooten der Kriegsmarine und den Angriffs- und Fühlunghalter-Flugzeugen der Luftwaffe, sofern letztere verfügbar waren.

Es wurde strenge Funkstille gehalten; nur wenn ein Konvoi oder Kriegsschiffe gesichtet wurden, wurde eine Meldung abgesetzt. Jede derartige Meldung wurde zuerst an den eigenen Stützpunkt des Flugzeugs gefunkt, ehe sie an die anderen beteiligten Stellen weitergegeben wurde. Das dauerte oft einige Zeit, da die Funkverbindungen in Nord-Norwegen sehr schlecht waren. Es bestand keine direkte Schaltung zwischen Einheiten der Luftwaffe und der Kriegsmarine. Die Beobachter in den Flugzeugen waren alle sehr tüchtige Nautiker, die mit Koppelrechnung zur Bestimmung ihrer Standorte arbeiteten. Viele dieser Leute hatten Marine-Ausbildung für die Durchführung ihrer Aufgaben erhalten.

Einige BV 138 waren mit dem FuMG-200-Hohentwiel-Suchgerät (d. i. deutsches Flugzeug-Radar) im Sommer 1943 ausgerüstet worden. Dieses wurde zur Ortung auf See verwendet; aber nur einige Flugzeuge waren damit ausgerüstet. Mit einer Leistung von 30 kW war dieses Gerät in der Lage, Schiffsziele im Abstand von 43 Seemeilen zu orten. Es konnten aber Schiffe über diesen Bereich hinaus geortet werden, wenn sie ihr eigenes Radar benutzten. Das FuMG 200 erfaßte deren Abstrahlungen, obwohl es selbst auf einer anderen Frequenz arbeitete. Erfahrene Bedienungen konnten Peilungen aus den auf dem Flugzeug-Schirm erscheinenden wandernden Echozeichen erlangen. In solchem Falle konnte die Auffaßreichweite bis zu 105 Seemeilen betragen.

Tabelle 11: Wetterbedingungen

Beaufort-Windtafel

Beaufortskala	Geschwindigkeit (kn)	Bezeichnung
0	0	Windstille
1	1 bis 3	Leiser Zug
2	4 bis 6	Leichte Brise
3	7 bis 10	Schwache Brise
4	11 bis 15	Mäßige Brise
5	16 bis 20	Frische Brise
6	21 bis 26	Starker Wind
7	27 bis 33	Steifer Wind
8	34 bis 40	Stürmischer Wind
9	41 bis 47	Sturm
10	48 bis 55	Schwerer Sturm
11	56 bis 65	Orkanartiger Sturm
12	mehr als 65	Orkan

Sichtigkeitstafel

Sicht-Nr.	Bezeichnung	Sichtweite
0	Dichter Nebel	Bis zu 45 m
1	Dicker Nebel	Bis zu 270 m
2	Nebel	Bis zu 550 m
3	Mäßiger Nebel	Bis zu 0,5 Seemeilen
4	Dunst oder schwacher Nebel	Bis zu 1 Seemeile
5	Schlechte Sicht	Bis zu 2 Seemeilen
6	Mäßige Sicht	Bis zu 5 Seemeilen
7	Gute Sicht	Bis zu 10 Seemeilen
8	Sehr gute Sicht	Bis zu 30 Seemeilen
9	Ungewöhnlich gute Sicht	Sichtweite über 30 Seemeilen

Stunden des Tageslichts (Nautische Helligkeit bei Sonne 12° unter Horizont)

Geograph. Breite	von	bis
71°	08.17	15.45
72°	08.27	15.34
73°	08.39	15.23

SCHRIFTTUM

Geschichte

Eclipse of the German Navy	Thaddeus v. Tuleja
History of the Second World War	Purnell
Schlachtschiff „Scharnhorst“	H. Bredemeier
Beiheft zur LONDON GAZETTE, 5. 8. 47	Admiral Fraser's Bericht
The Battle of North Cape	Lt-Cdr M. Ogden
The Kola Run	Vice-Admiral Sir I. Campbell Capt D. Macintyre
The Royal Navy	Keeble-Chatterton
The Russian Convoys	B. B. Schofield
The Second World War	Sir Winston Churchill
The War at Sea	S. W. Roskill
Tragödie am Nordkap	F. O. Busch

Seekriegs-Technik

Brassey's Naval Annual	
British Battleships	Dr. O. Parkes
British Destroyers	E. March
Die Deutschen Kriegsschiffe	E. Gröner
German Surface Vessels	H. T. Lenton
German Warships of World War II	J. C. Taylor
Jane's Fighting Ships	
Warship International	
Warships of World War II	H. T. Lenton und J. Colledge
Weyers Taschenbuch der Kriegsflotten	

Nachwort des Übersetzers

ALLGEMEINE TERMINOLOGIE

Für den nicht fachkundigen Leser sind einige Hinweise und Erläuterungen nötig. Die Übersetzung bedient sich grundsätzlich der im Zweiten Weltkriege üblichen Begriffe, die z. T. von den heutigen abweichen.

In einzelnen Fällen wurden in den Tabellen britische Bezeichnungen verwendet, z. B. bei den Antriebsanlagen, wo die Bezeichnung ‚Admiralty-3-Trommel-Kessel' beibehalten wurde, die deutsch ‚Admiralitäts-Kessel' hießen, um darauf hinzuweisen, daß es sich um hochgezüchtete Wasserrohr-Kessel handelte, im Gegensatz zu den deutschen Hochdruck-Heißdampf-Kesseln, die mit weit höheren Betriebsdrücken, -temperaturen und besserem Wirkungsgrad arbeiteten.

Abkürzungen wurden nur da verwendet, wo die Kenntnis beim Leser vorausgesetzt werden kann, und zwar sowohl englische (yd = yard, yards) als auch deutsche (m = Meter; Stb = Steuerbord, Bb = Backbord, u. ä.).

Die Türme werden von vorn nach achtern gezählt, englisch: Turm A, B; X, Y = deutsch: Turm Anton, Bruno; Caesar, Dora.

Der mehrfach vorkommende Begriff Flotten-Zerstörer bezeichnet keinen besonderen Schiffstyp, sondern dient nur der Kennzeichnung der organisatorischen Zugehörigkeit, im Gegensatz zu den Geleit- oder anderen Zerstörern. – Die Kurzbezeichnung Capt. D 17 für den Geleitführer ist die Kennung seines Zerstörers „Onslow".

ABWEICHUNGEN

Besonders zu erwähnen sind zwei Komplexe, nämlich (a) Radar und (b) Geleitwesen.

a) Radar ist ein heute selbstverständliches Gerät und Verfahren (*ra*dio *d*etection *a*nd *r*anging) zur Messung von Abstand und Peilung (artilleristisch: Entfernung und Seitenwinkel) eines Zieles mit Hilfe gerichtet ausgestrahlter elektro-magnetischer Wellen und Empfanges der vom Ziel reflektierten Strahlen als Echo. Obwohl die Grunderfindung deutsch (Patent von 1904) war, aber erst in den 30er Jahren in Deutschland und in den U.S.A. zur Verwendungsreife entwickelt worden war, haben die Engländer während des Krieges einen gewaltigen technischen Vorsprung erreicht. So hat sich auch ihre Bezeichnung für Gerät und Verfahren weltweit durchgesetzt. Die alten deutschen Bezeichnungen enthielten alle den Begriff Funkmeßgerät.

b) Beim Geleitwesen wurden die englischen Begriffe verwandt.

(a) *Örtliche Sicherung.* Sie untersteht dem jeweiligen Seebereichs-Befehlshaber und hat die Aufgabe, den Konvoi aus den Sammel-Häfen hinauszubringen bzw. in die Häfen zu geleiten. Sie besteht aus Wachbooten, Ujagdbooten und Minensuchbooten, alle mit geringer Kampfkraft.

(b) *Konvoi.* Er ist der nach Bedarf zusammengestellte Verband der Handelsschiffe und stellt den Kern des Geleitzuges dar. Seine Leitung liegt in den Händen des Konvoi-Kommodore, dem ein 2. und oft noch 3. Konvoi-Kommodore als Helfer zur Verfügung stehen. Die Konvoi-Formation setzt sich aus einer Anzahl paralleler Kiellinien (Kolonnen) zusammen, deren Spitzenschiffe untereinander eine Dwarslinie bilden. Die Vormarsch-Geschwindigkeit richtet sich nach dem langsamsten Schiff.

(c) *Durchlaufende Sicherung.* Sie bildet die Nahsicherung des Konvois, deren Kriegsschiffe (Geleit-Zerstörer, Korvetten oder Minensuchboote) ihn wie ein fester Ring umgeben und (außer bei direkter Abwehr von in der Nähe georteten Ubooten oder bei Flugzeugangriffen) ihre Positionen beibehalten.

(d) *Zerstörer-Sicherung.* Sie dient der Verstärkung der durchlaufenden Sicherung und nimmt mit ihr zusammen Aufstellung um den Konvoi herum. Sie besteht meist aus Zerstörern oder Fregatten, also schnellen Fahrzeugen, deren Hauptaufgabe die Bekämpfung von Ubooten, Flugzeugen oder Schnellbooten ist. Wenn es die taktische Lage erfordert, können einzelne Einheiten zur Abwehr von Fühlunghaltern, z. B. erkannten Ubooten, den Konvoi bis zu einer befohlenen Entfernung verlassen. Der dienstälteste Kommandant der Konvoi-Sicherung, meist ein Zerstörer-Kommandant, ist der militärische Geleitführer. Ihm obliegt es, den Kommodore bei Gefahr zu Kursänderungen oder Ausweichbewegungen zu veranlassen, den Konvoi zusammenzuhalten und ggf. Nachzügler suchen und zurückführen zu lassen.

(e) *Fernsicherung*, auch Deckungsgruppe genannt. Sie ist ein in größerer Entfernung stehender Verband von Kreuzern und Zerstörern, manchmal auch – wie im Falle des RA 55 A und des JW 55 B – einem Schlachtschiff, der Überwasser-Seestreitkräfte des Gegners anzugreifen, abzudrängen oder zu vernichten hat.

WETTER

Die Tabelle 11, Wetterbedingungen, ist unvollständig. Die Beaufort-Windtafel und die Sichtigkeitstafel sind zwar wichtig; es fehlt aber eine Seegangstafel! Den Angaben in Abschnitten ‚21. Dezember' und ‚Konvoi gesichtet' „... See 24." und „... See auf 43 stärker geworden" liegen Werte aus einer in der Royal Navy verwendeten Weather-State-Tafel zugrunde, die von 0 bis 100 reicht und Wellenhöhe und -länge (von Kamm zu Kamm) und Windsee erfaßt.
Die Grade sind:
24 = Frische Brise, etwas kabbelige See;
43 = Steifer Wind, grobe See mit Schaumkronen.
Das wäre nach sonst üblicher Einstufung Seegang 4 und 5/6.